THIS VALENTINES DAY COLORING BOOK BELONGS TO:

I0489726

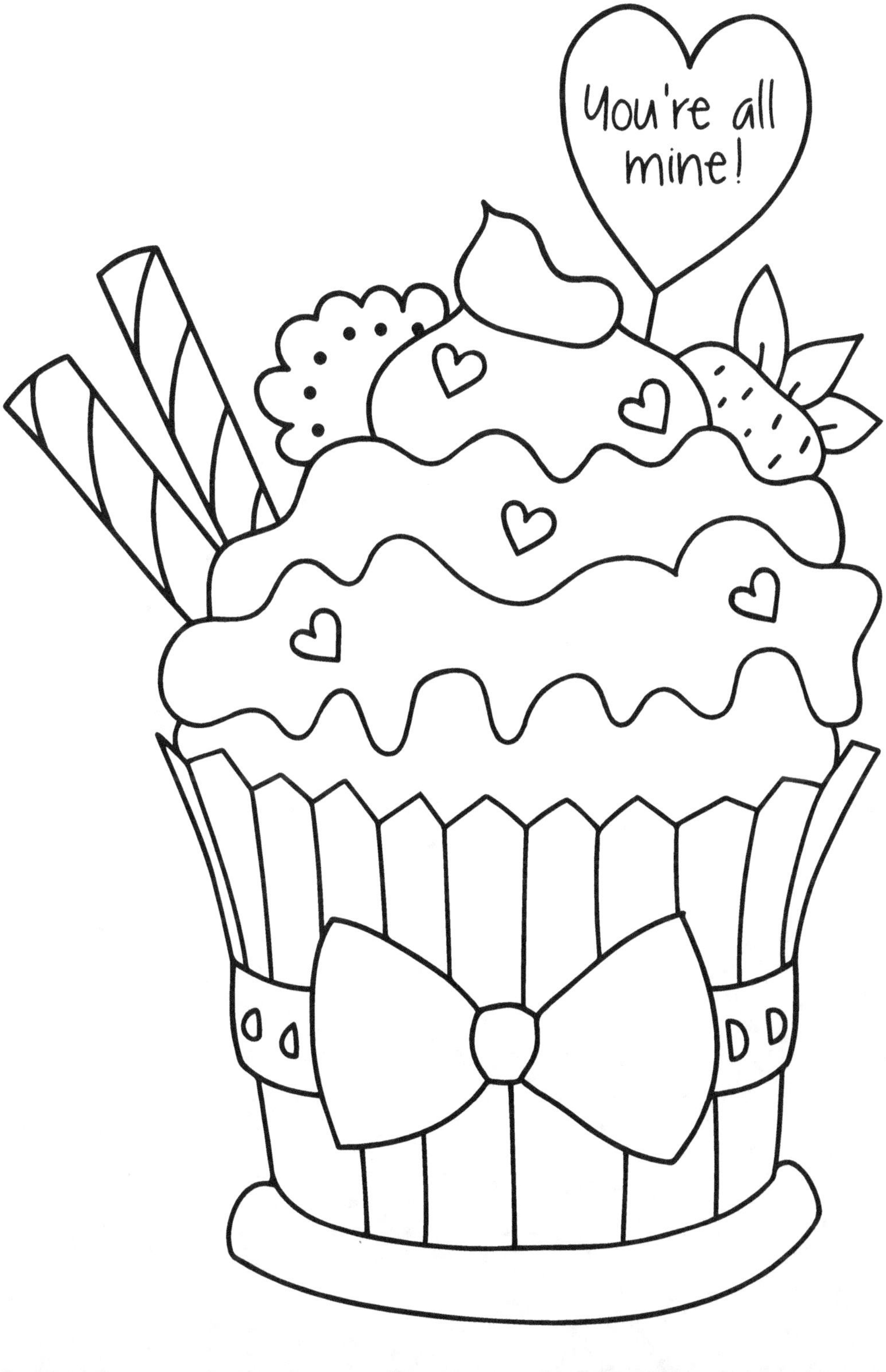
You're all mine!

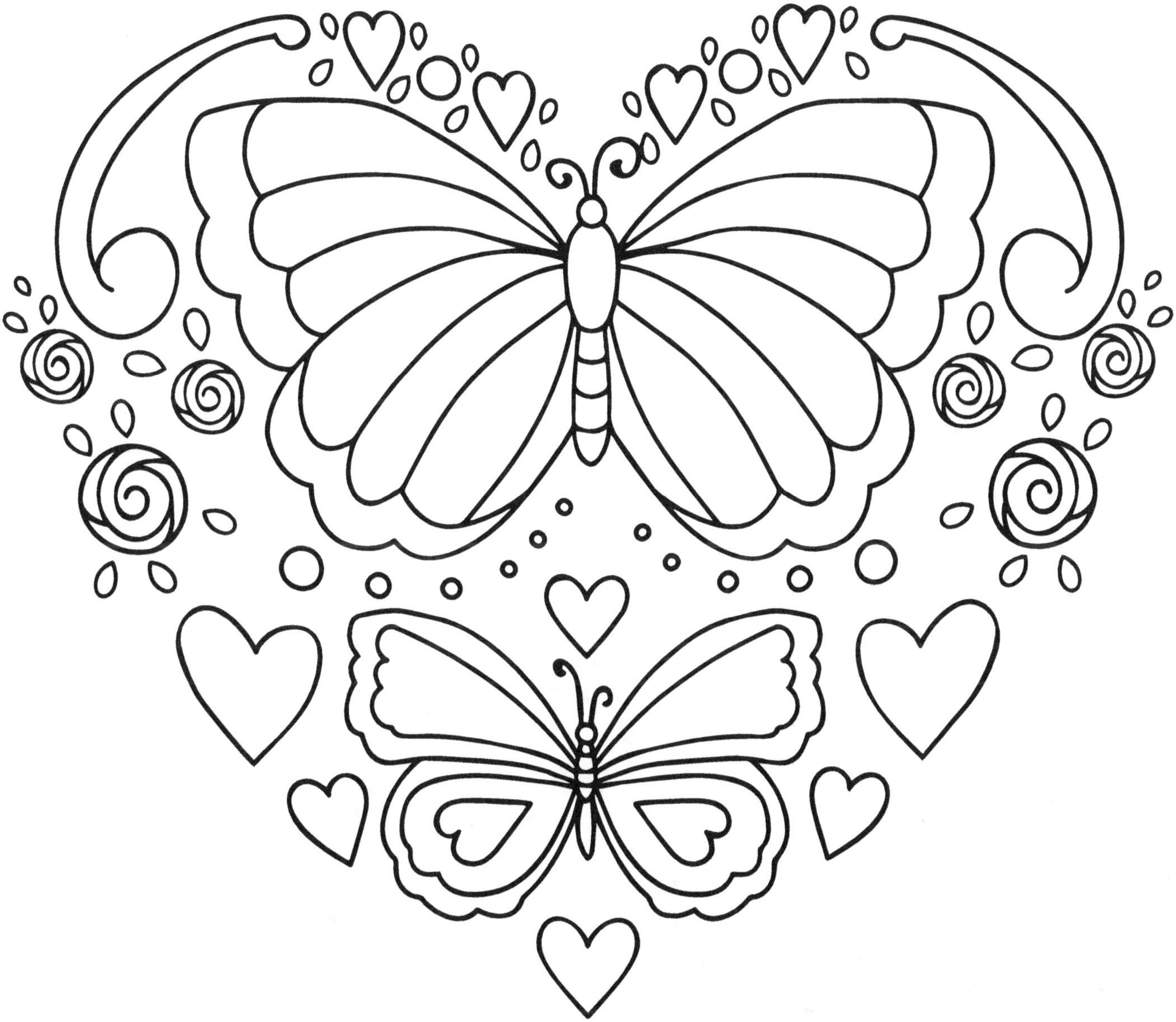

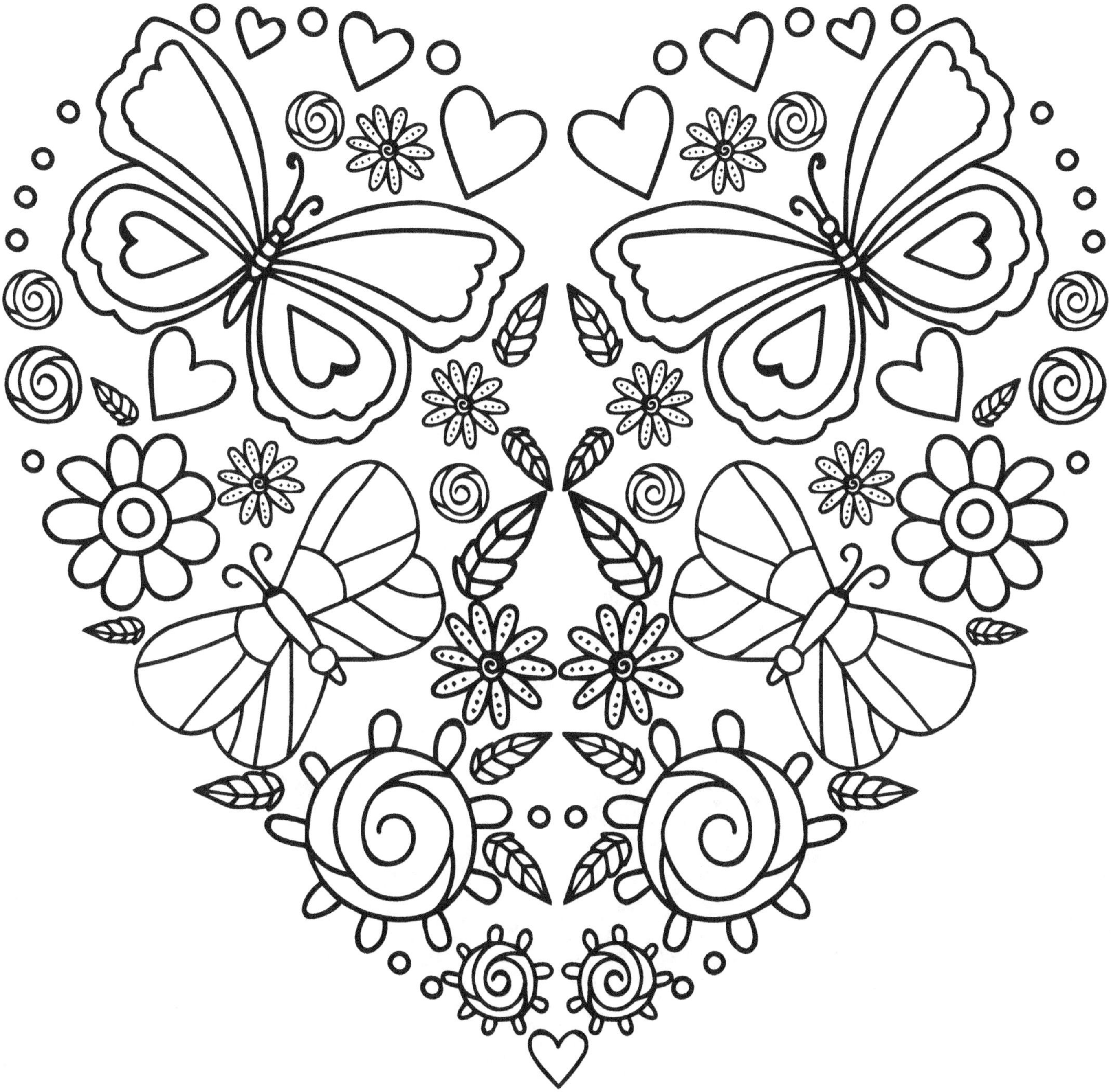

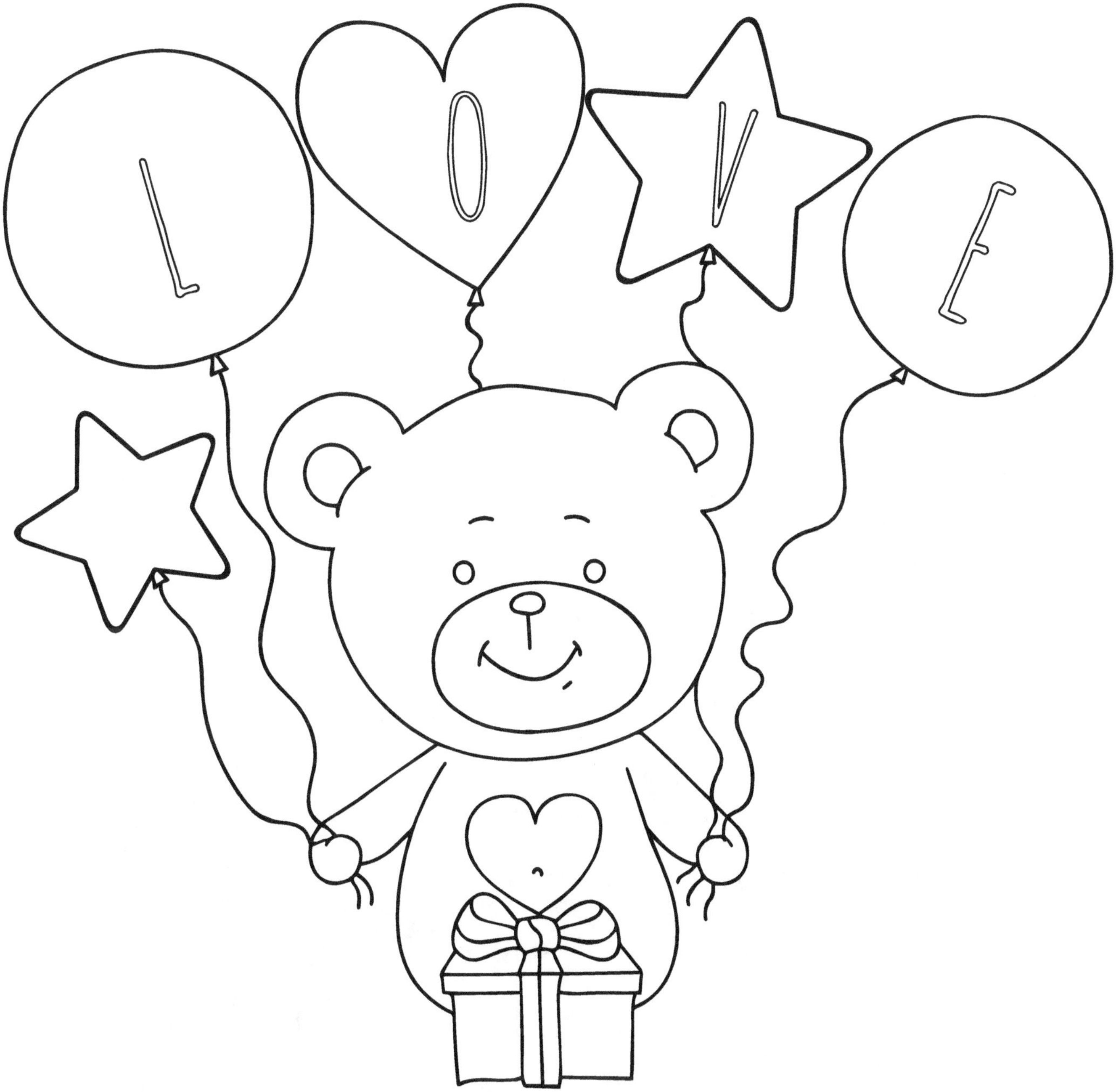
L
O
V
E

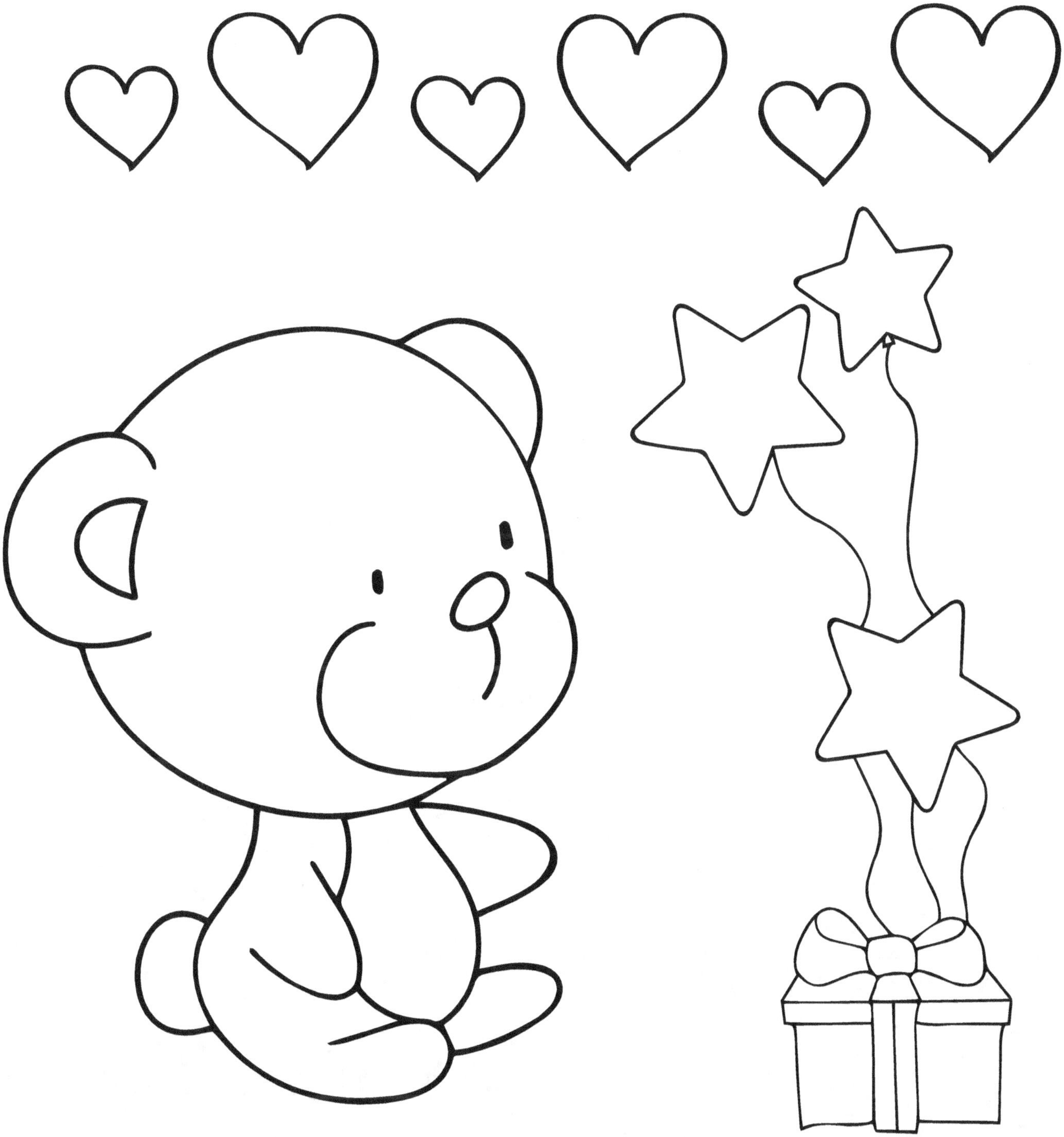

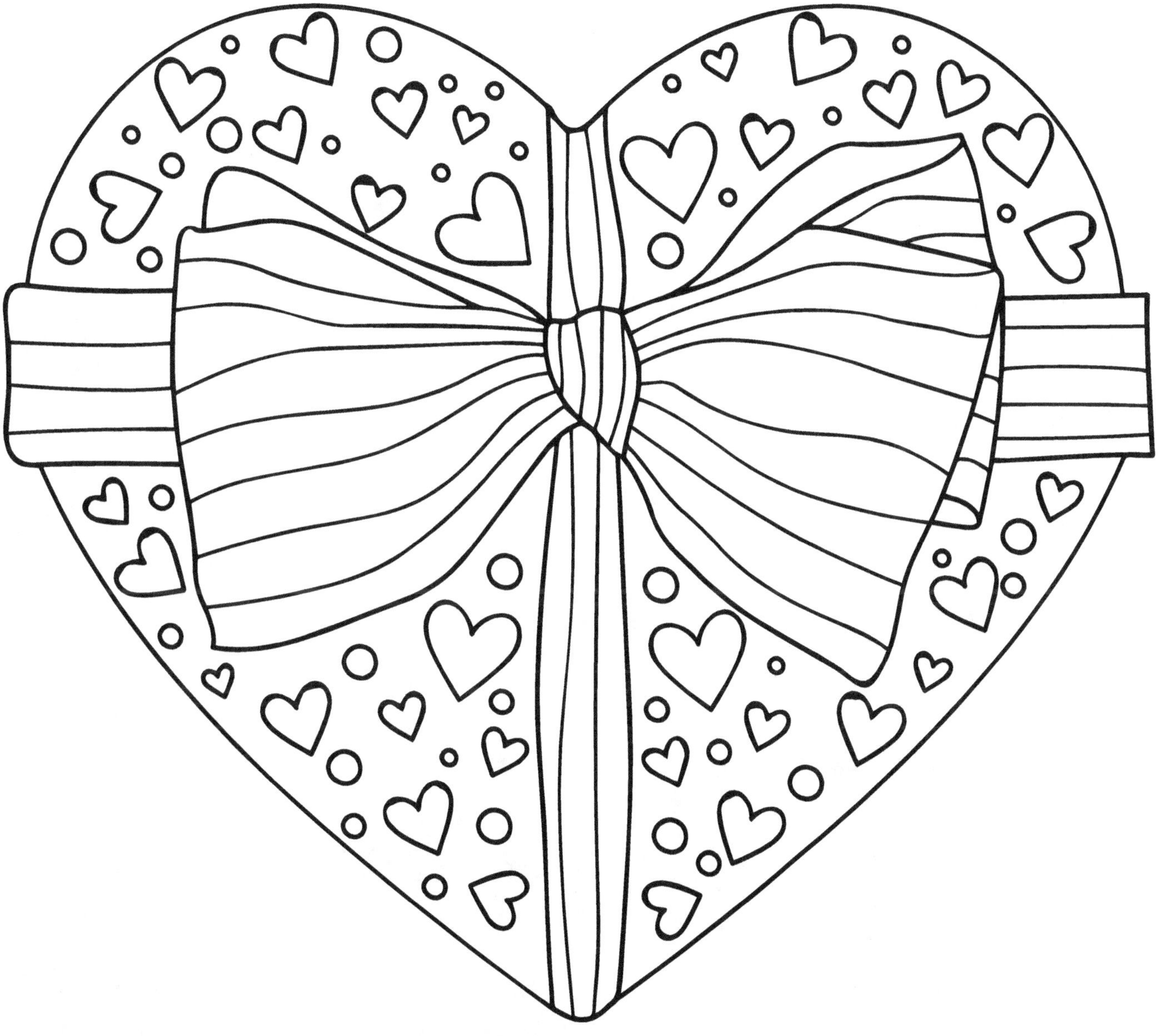

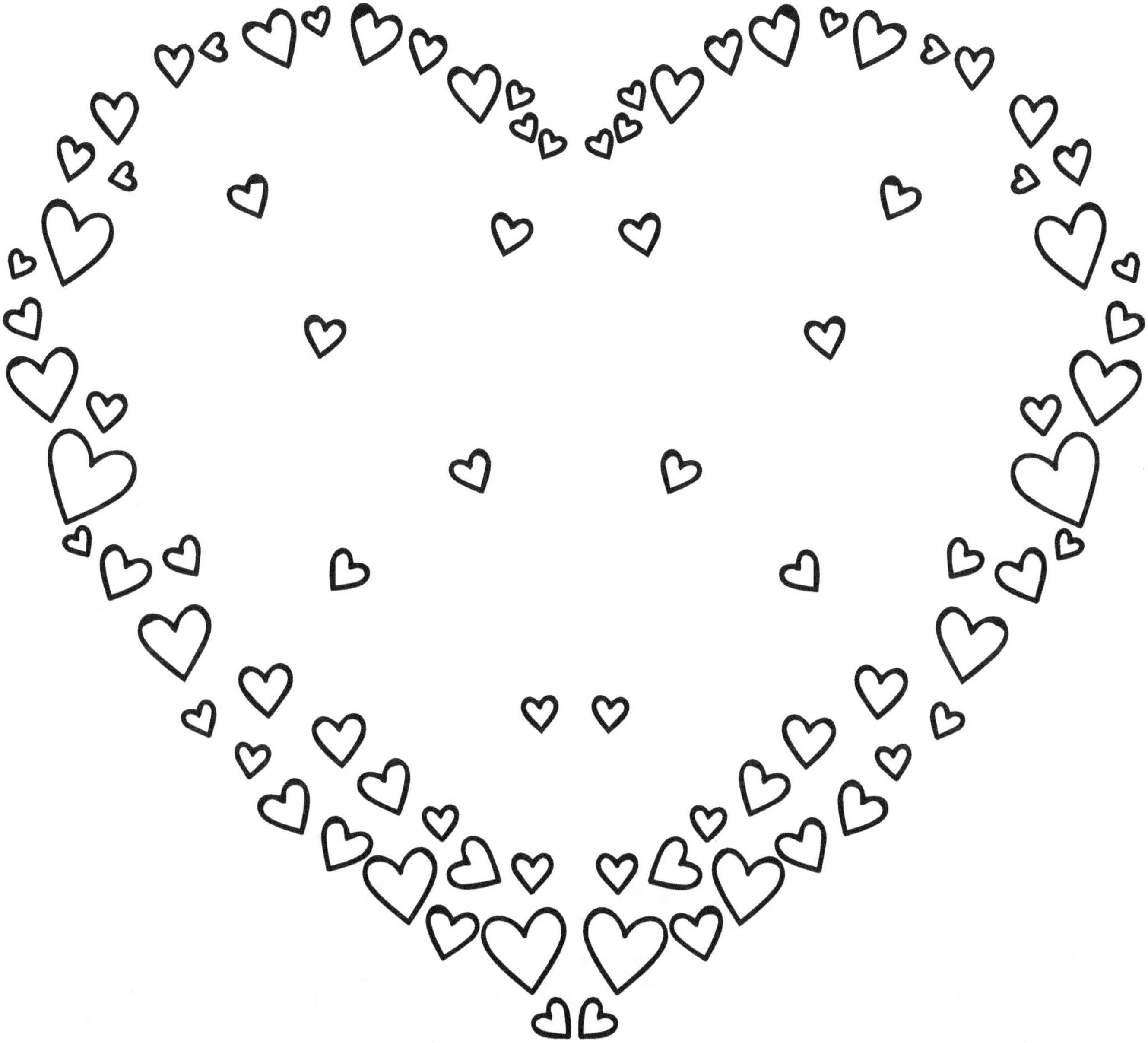

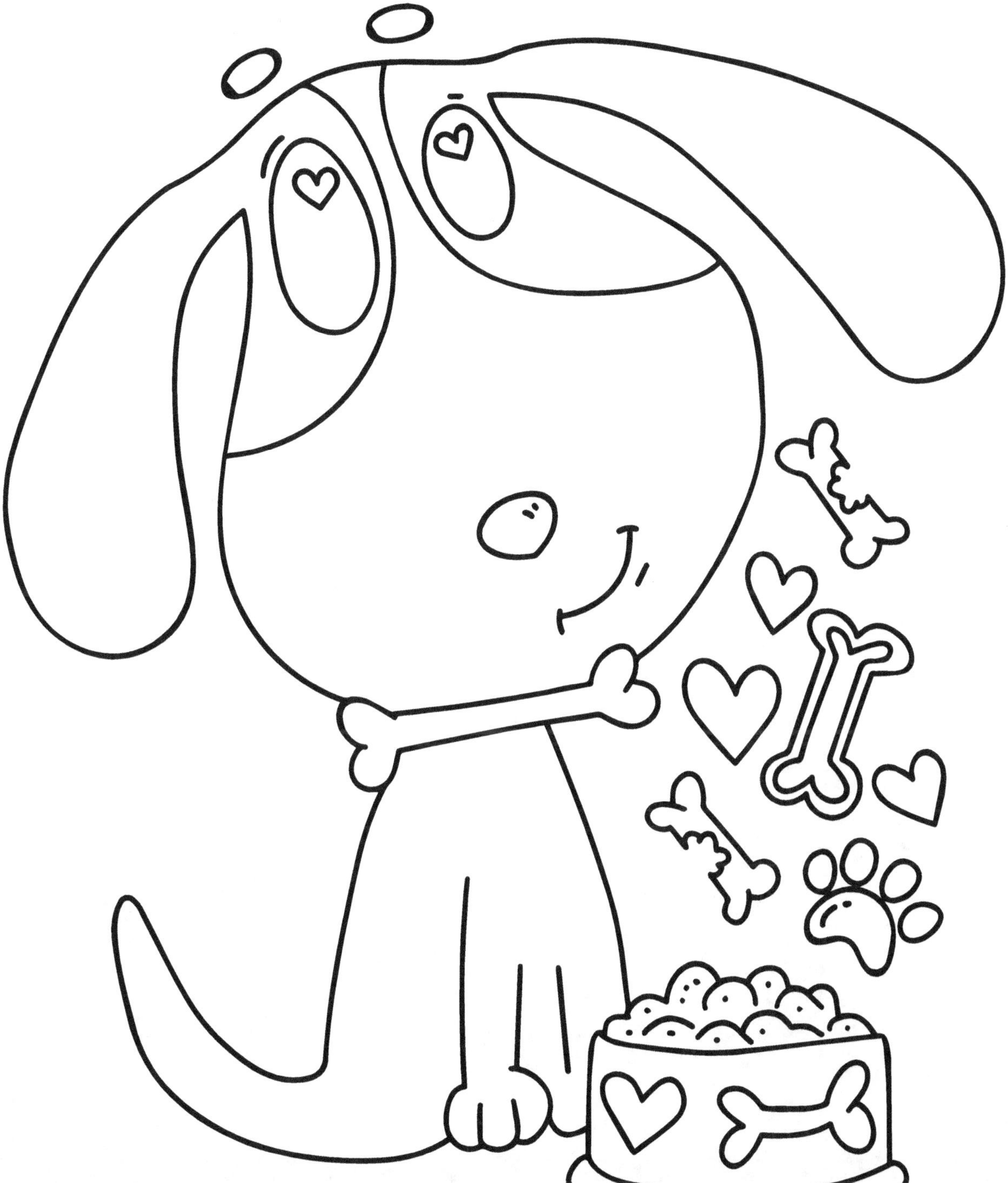

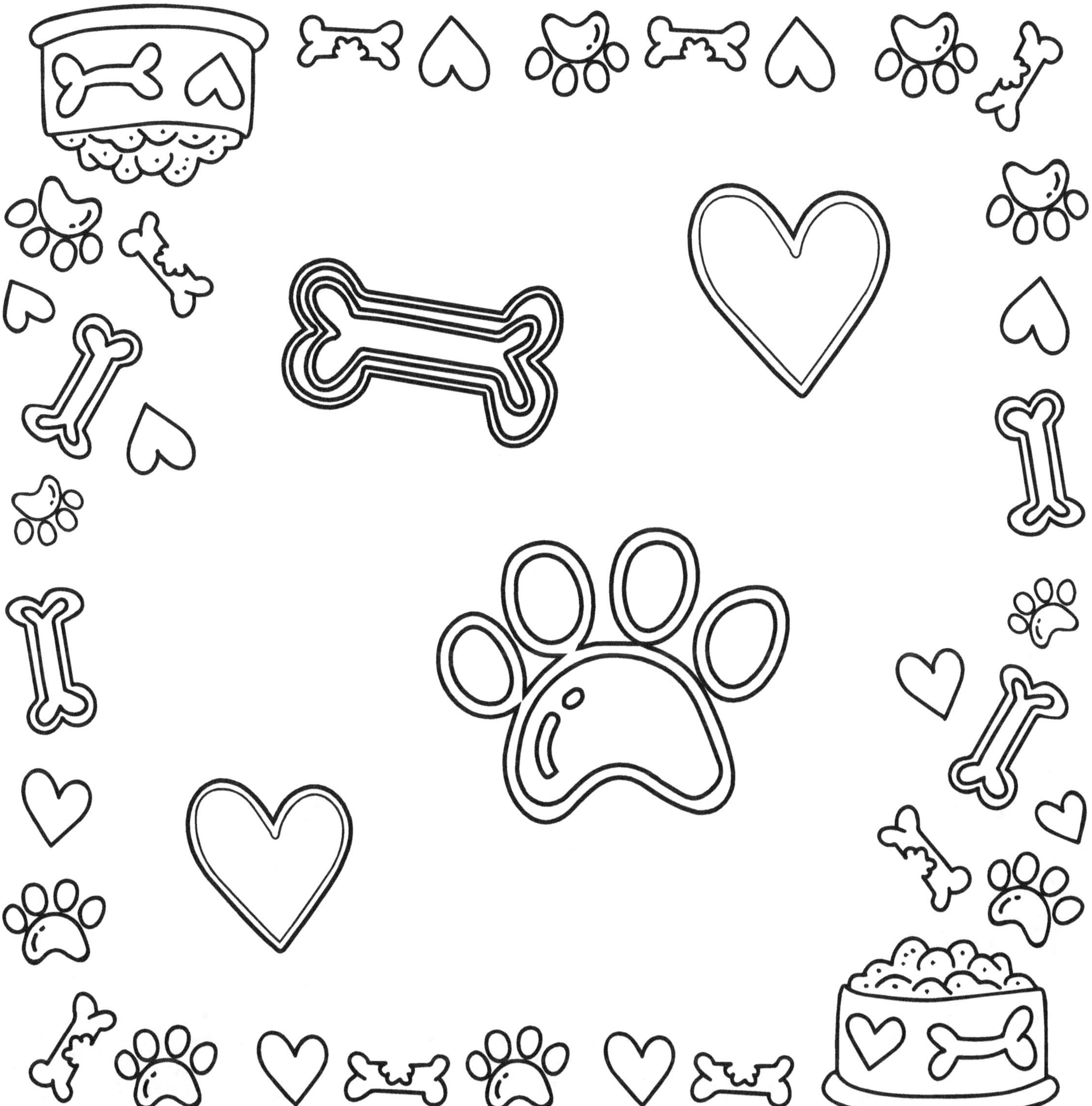

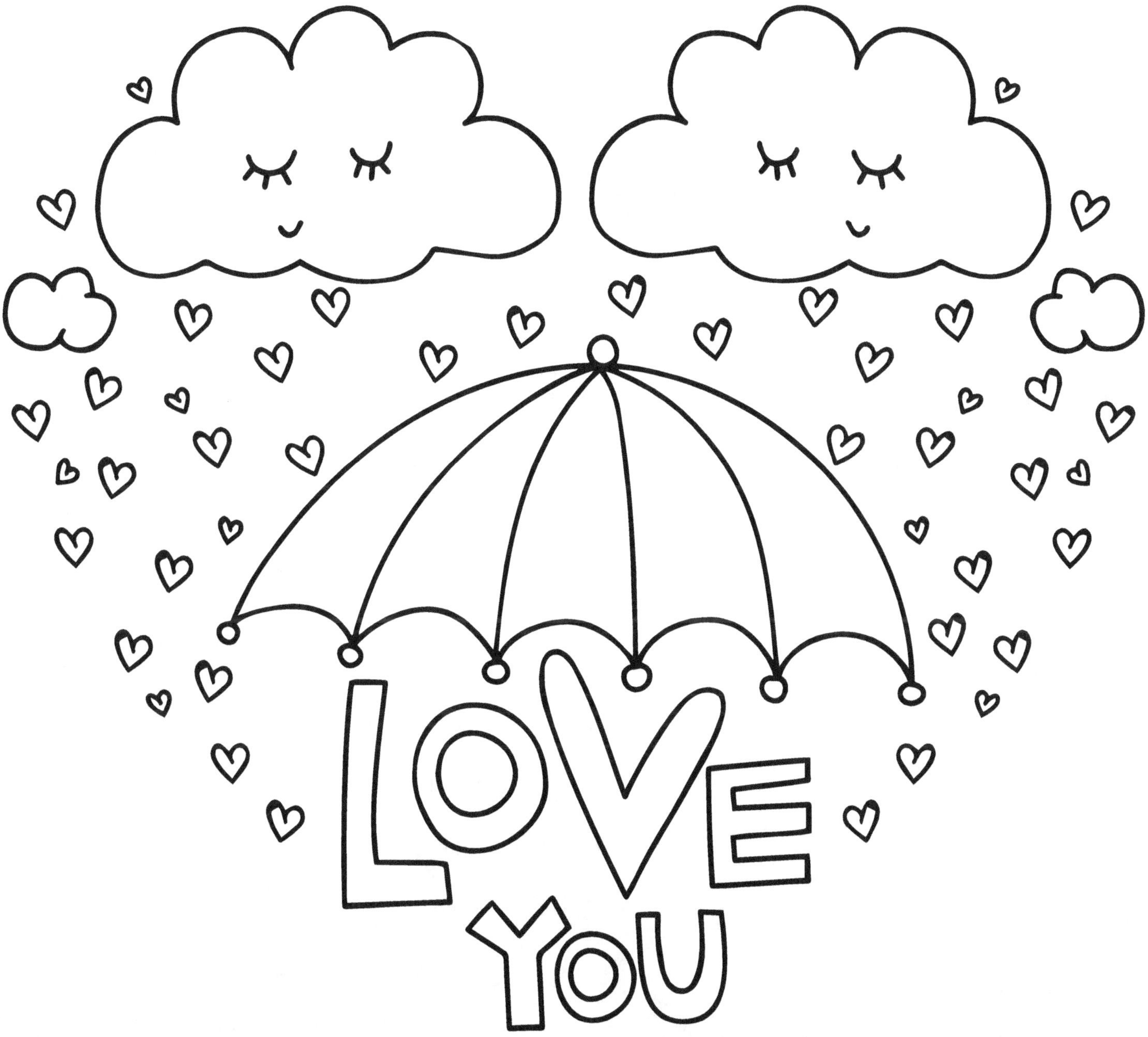
LOVE
YOU

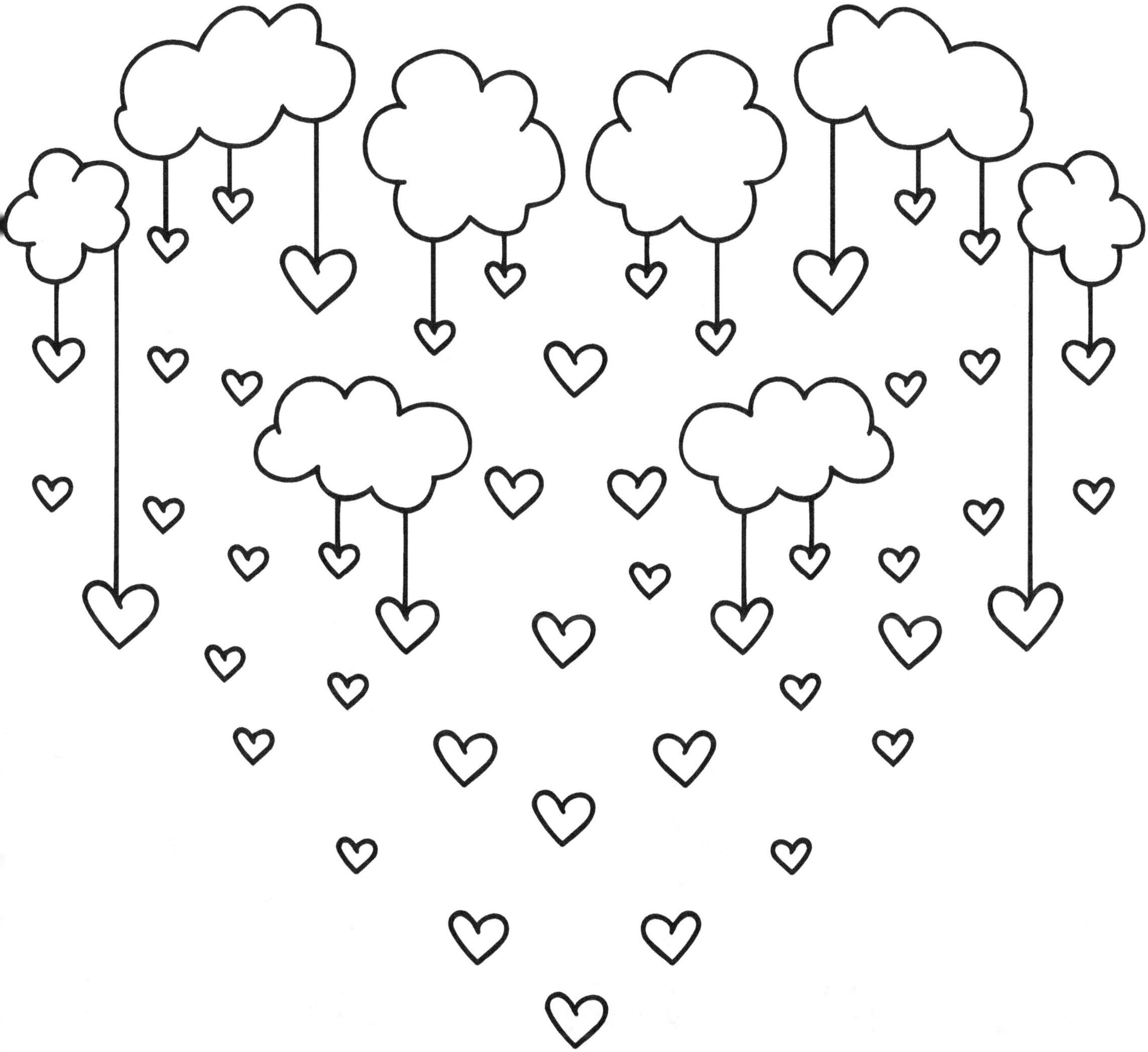

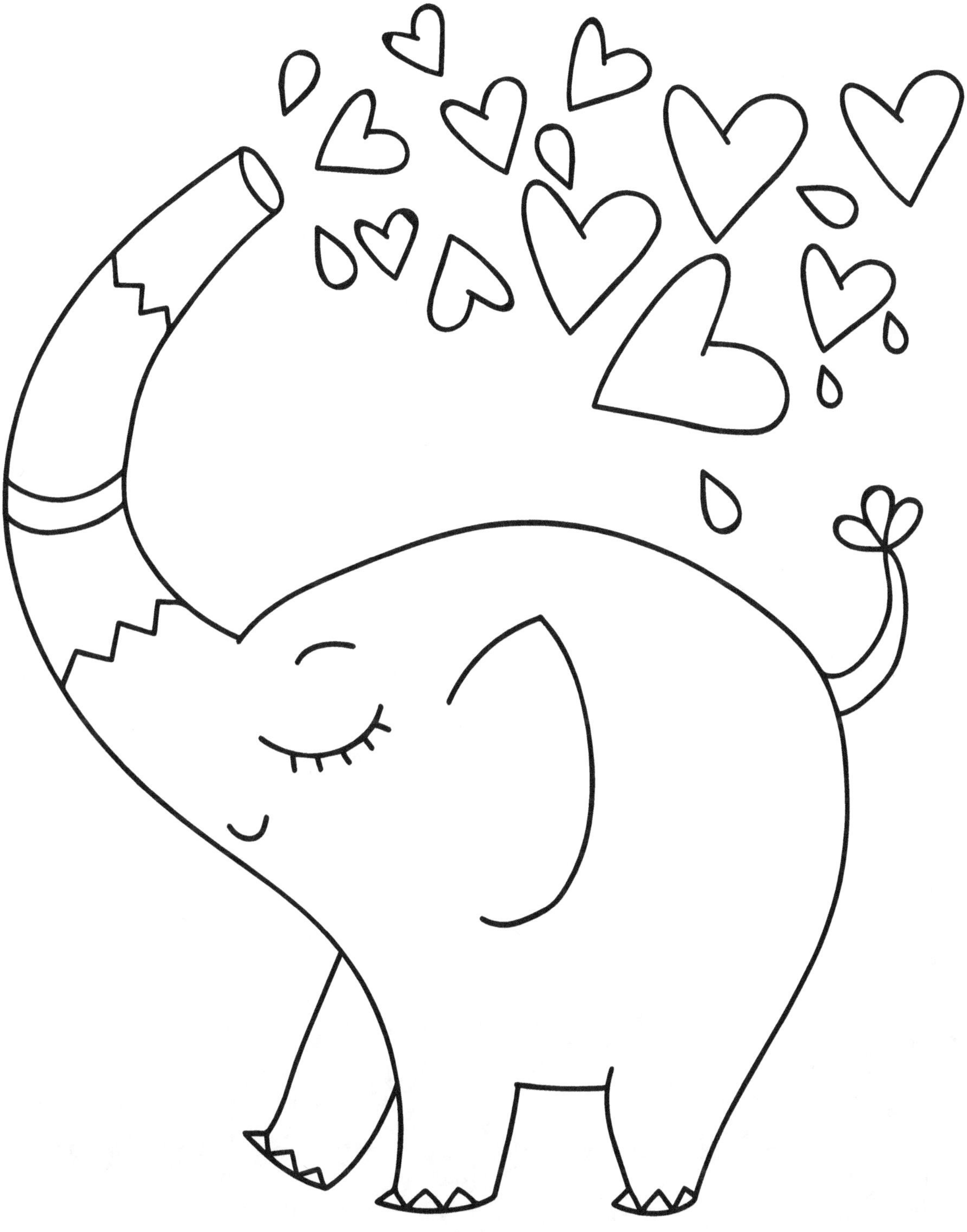

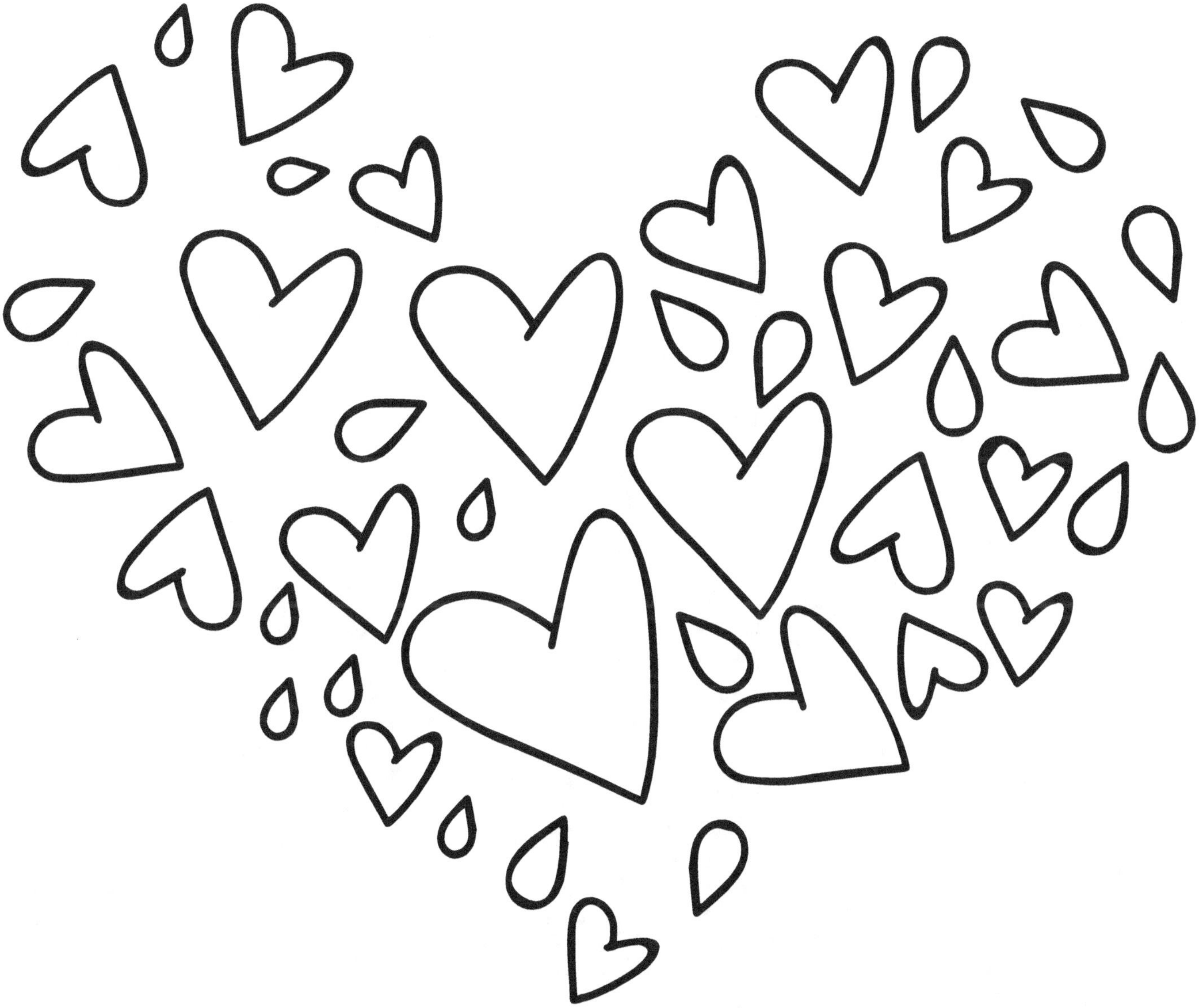

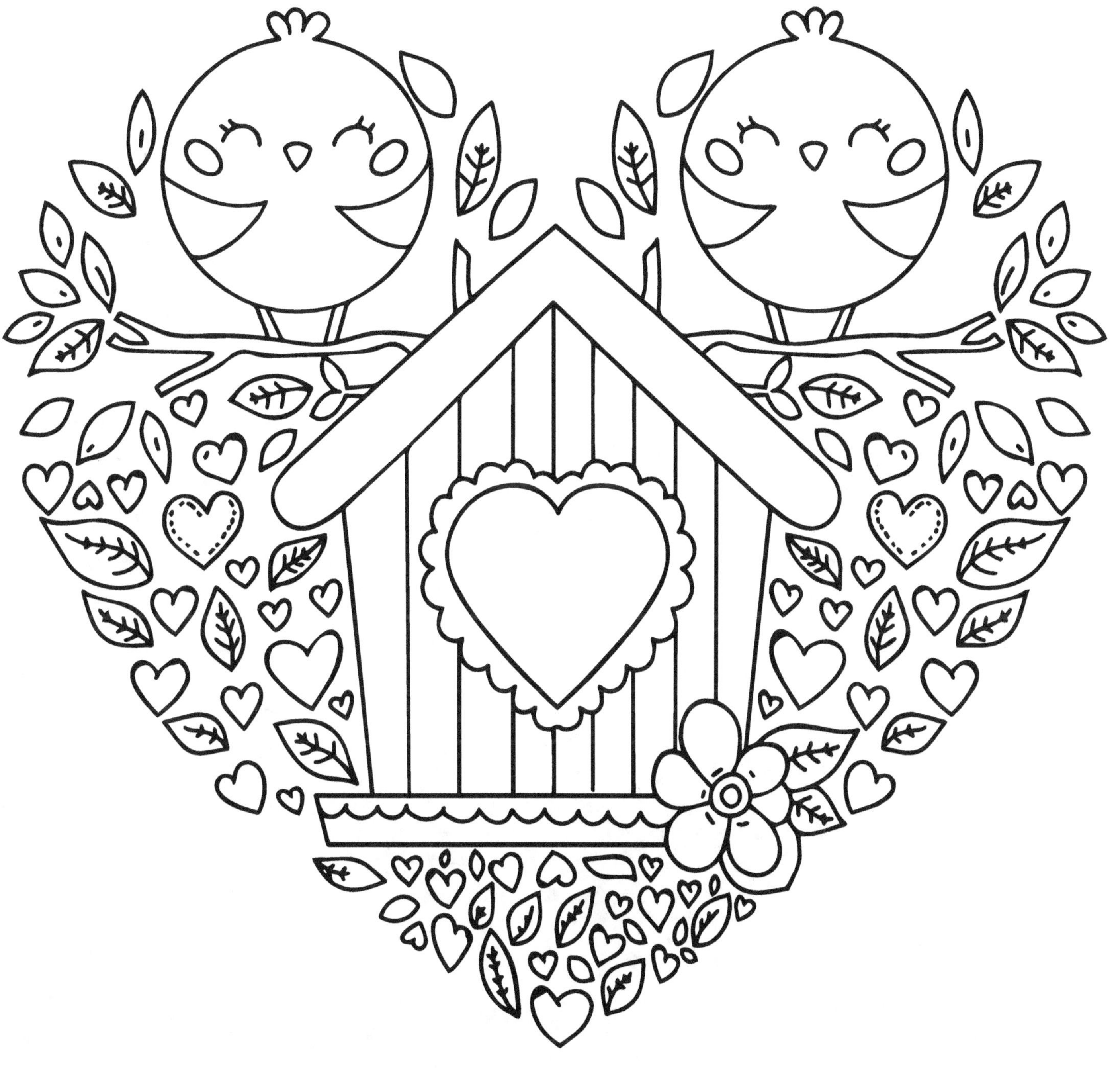

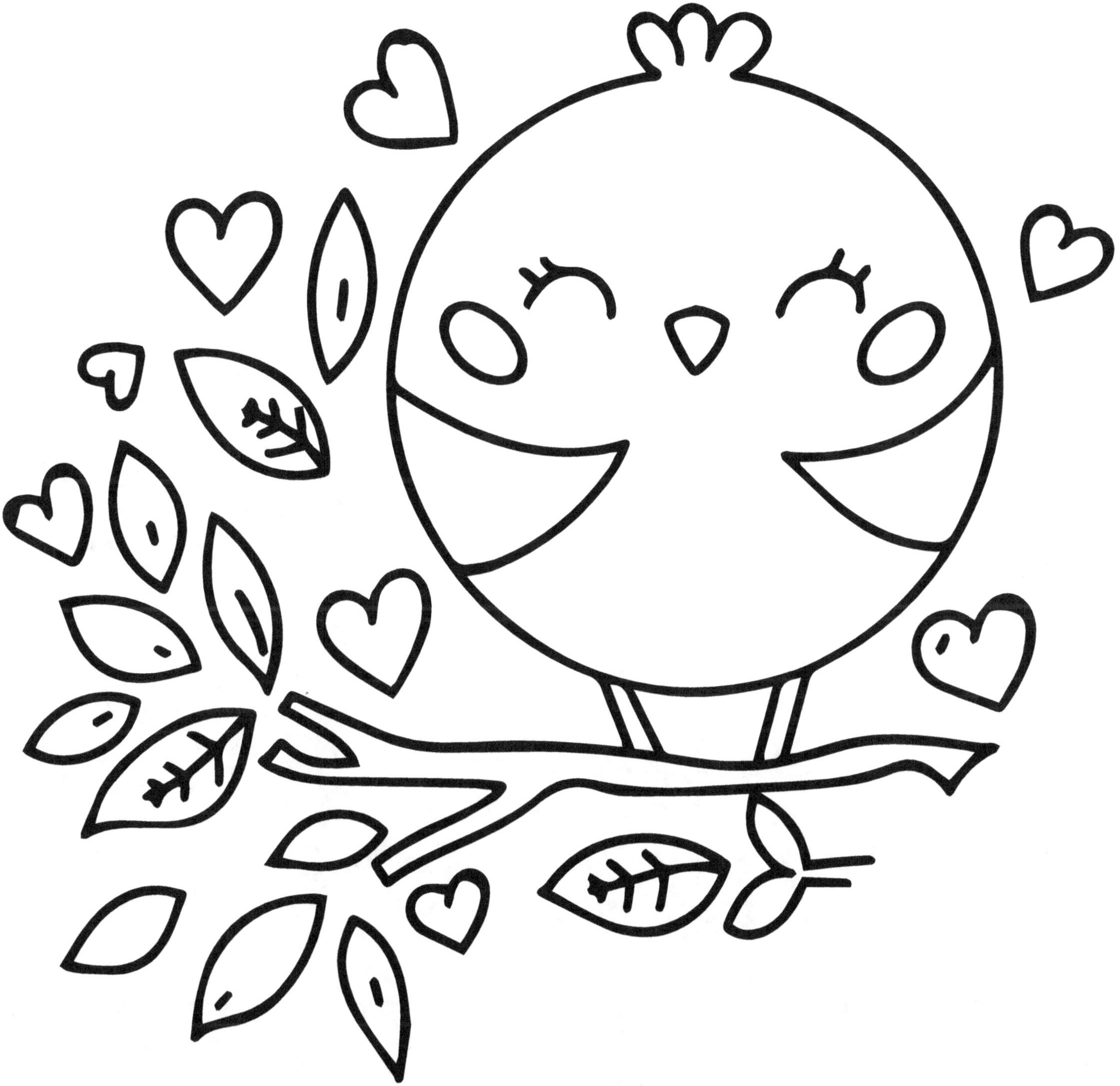

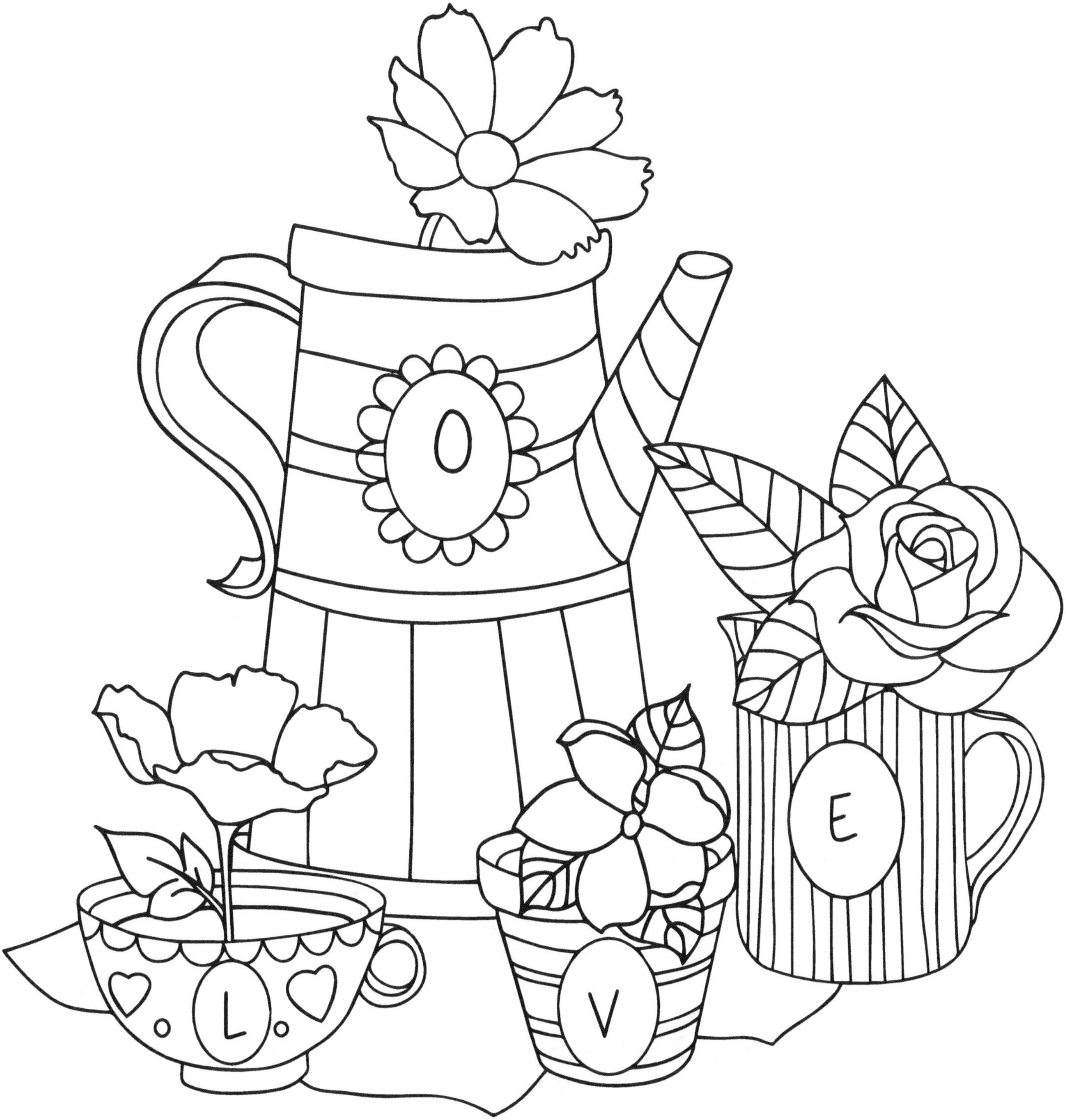
O
E
L
V

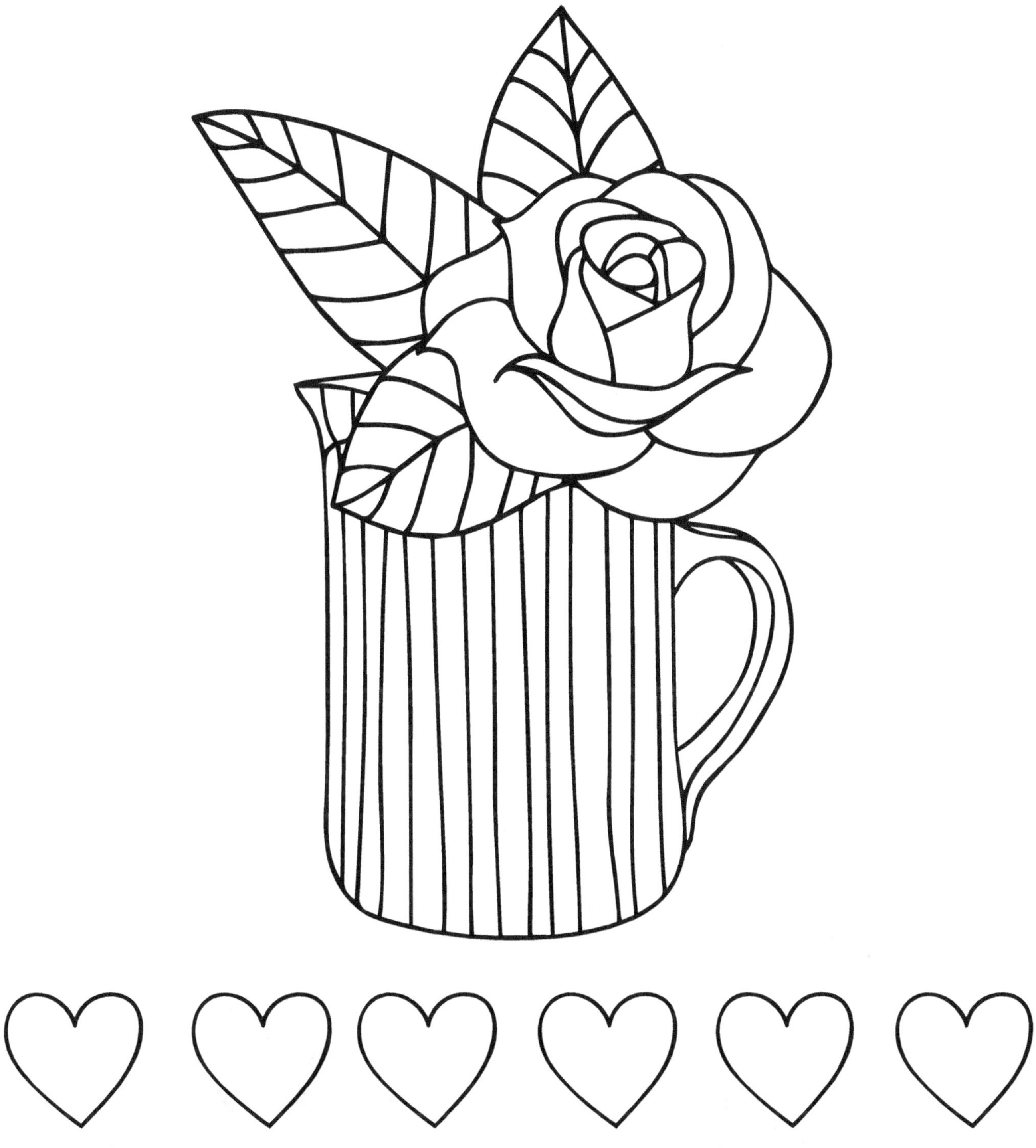

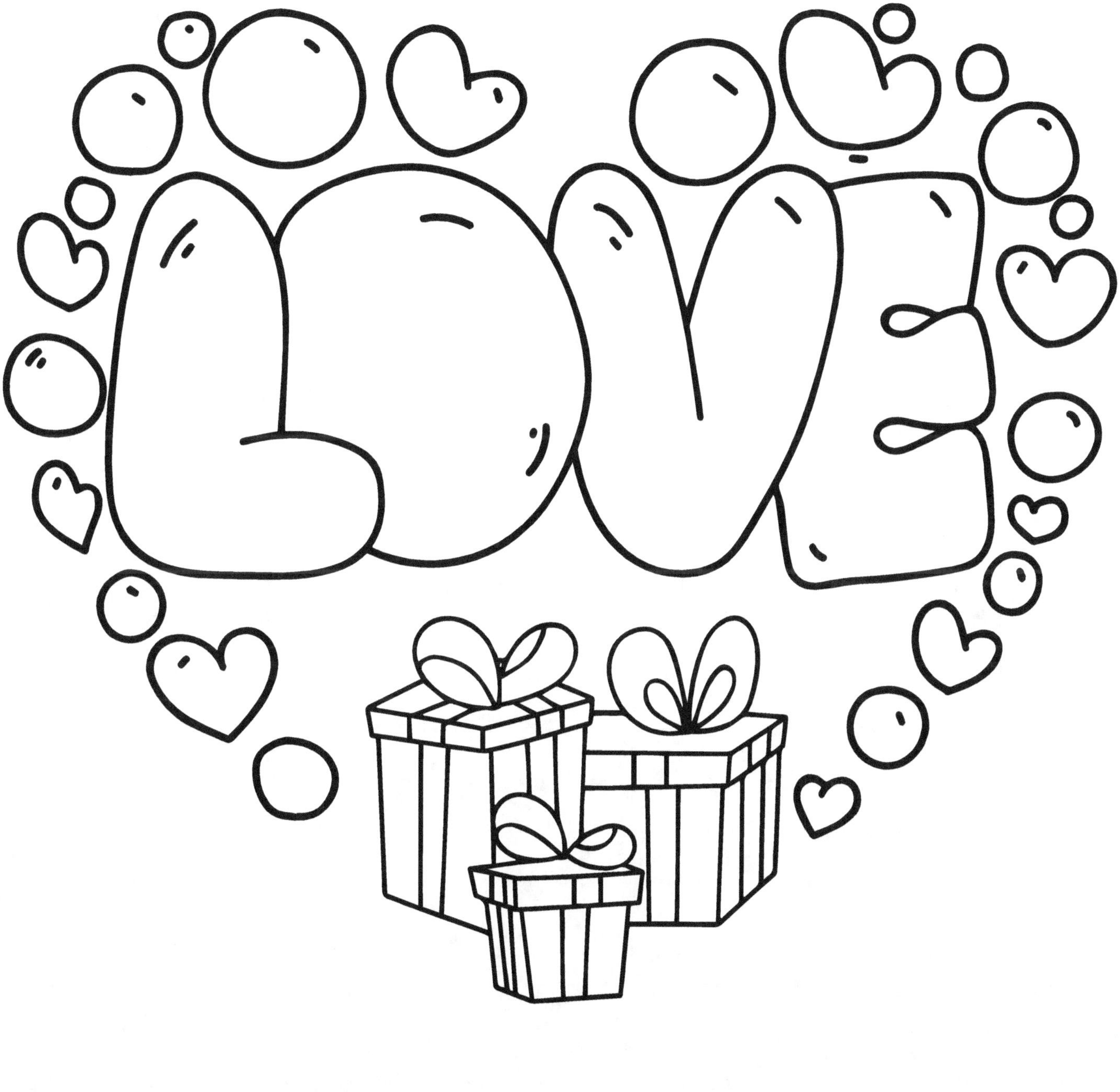
LOVE

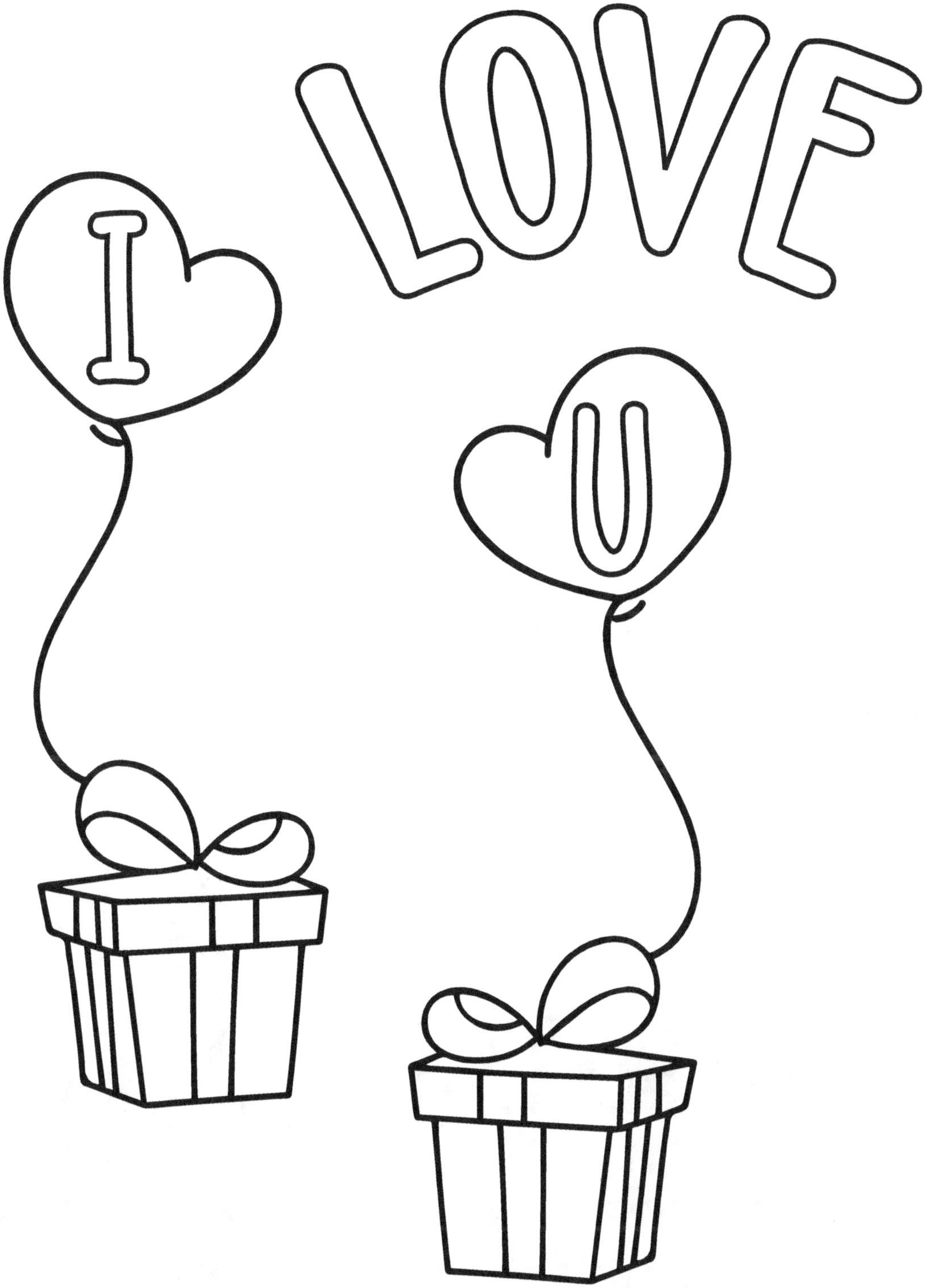
I
LOVE
U

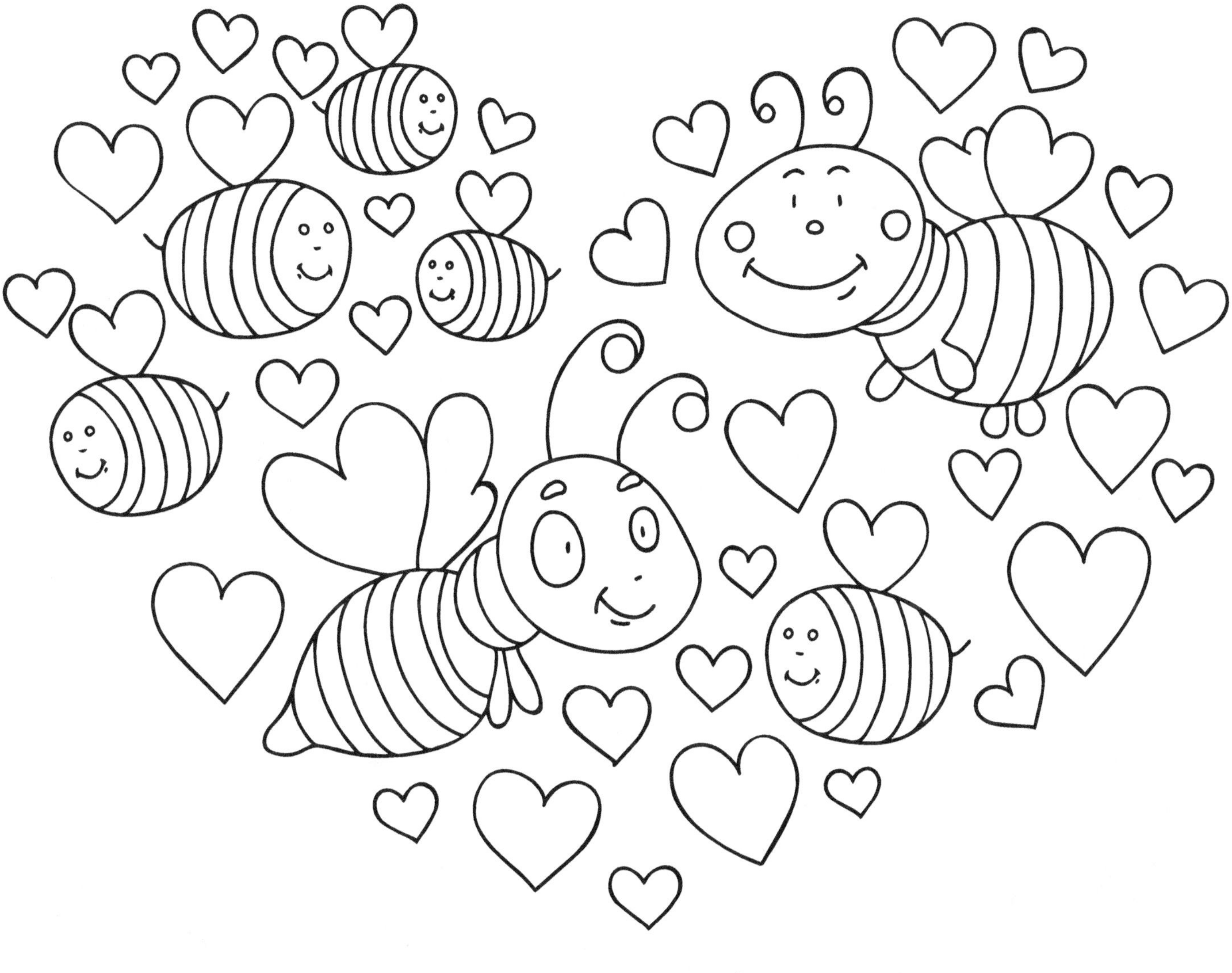

Bee Mine

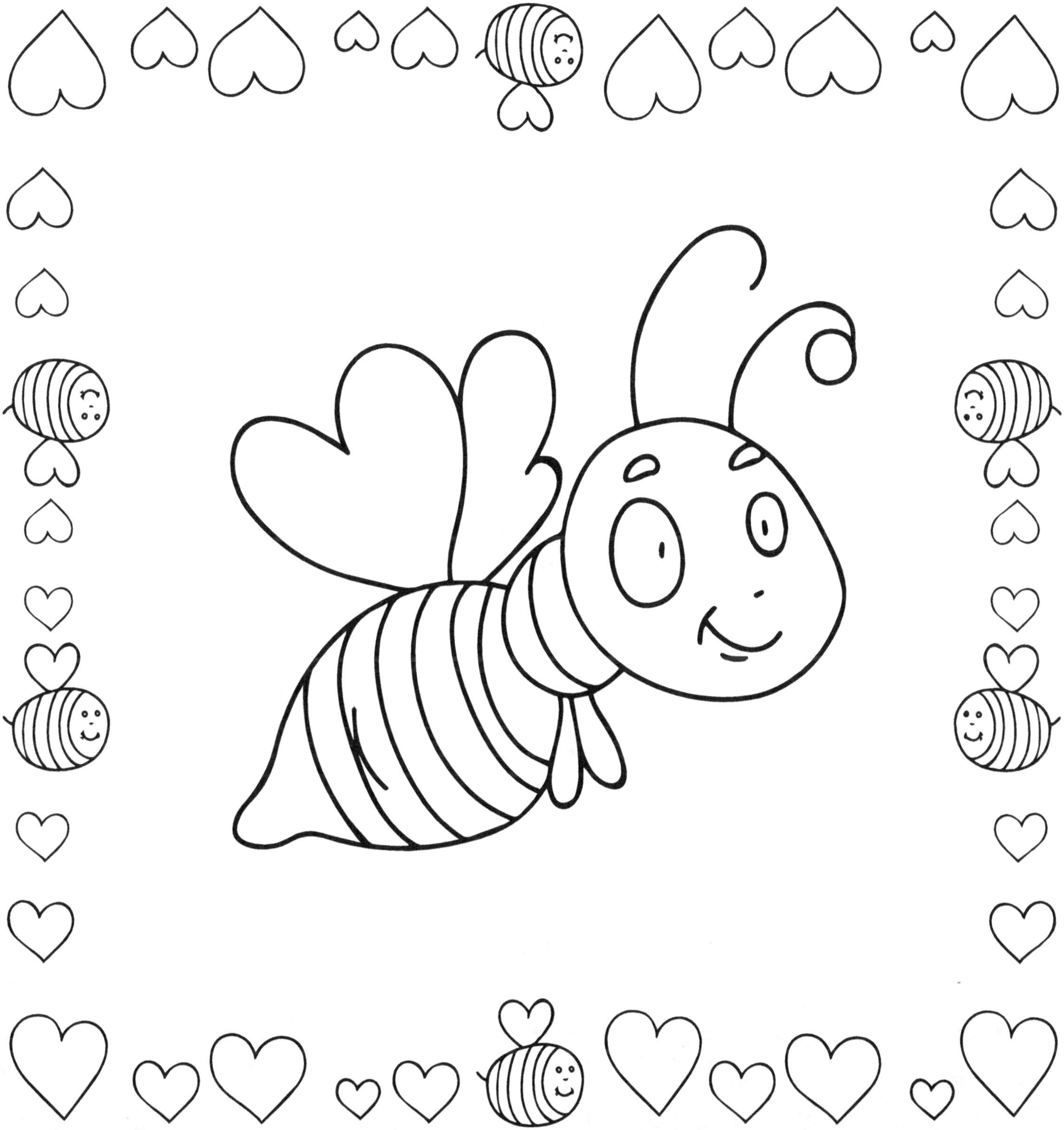

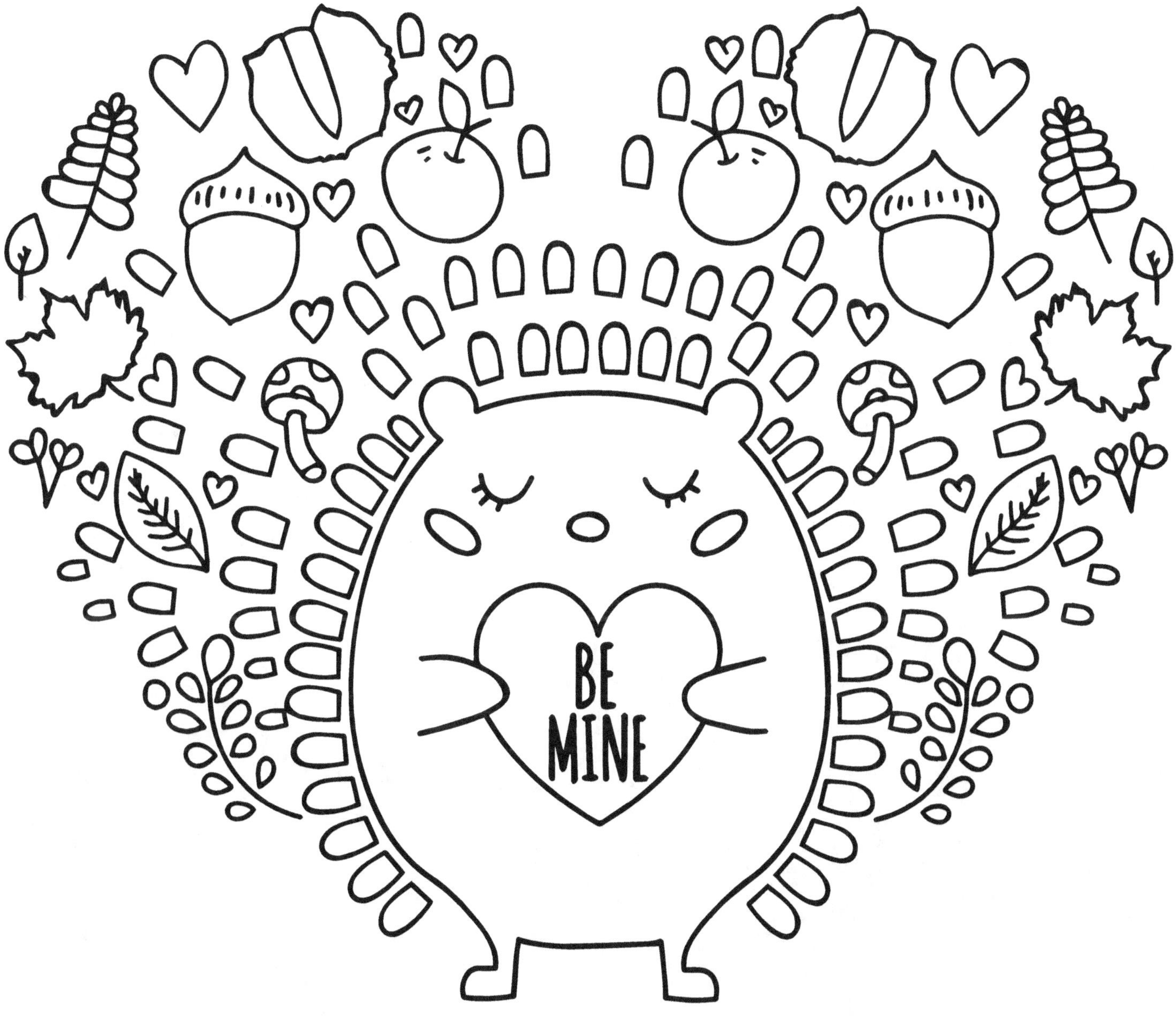
BE
MINE

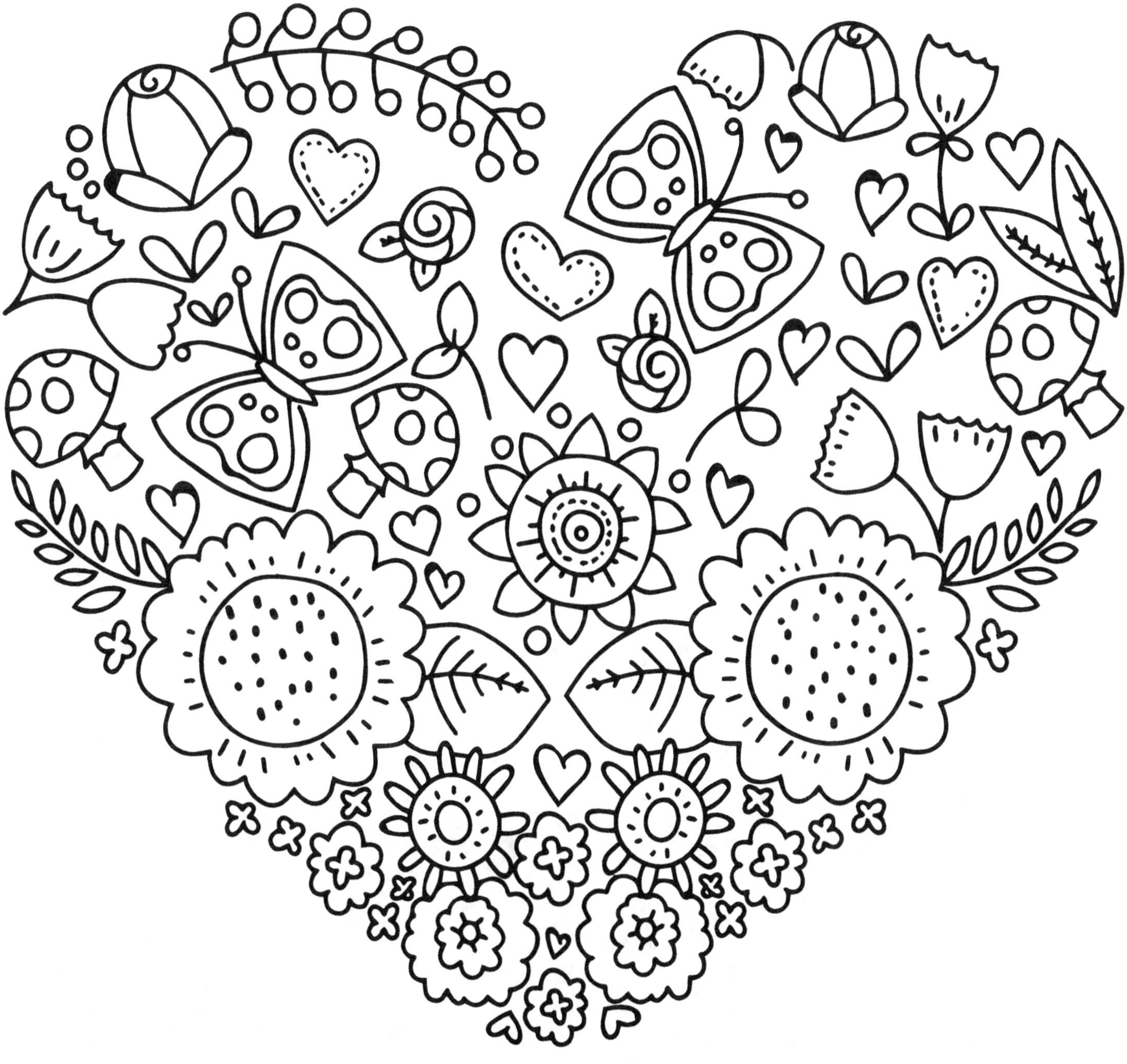

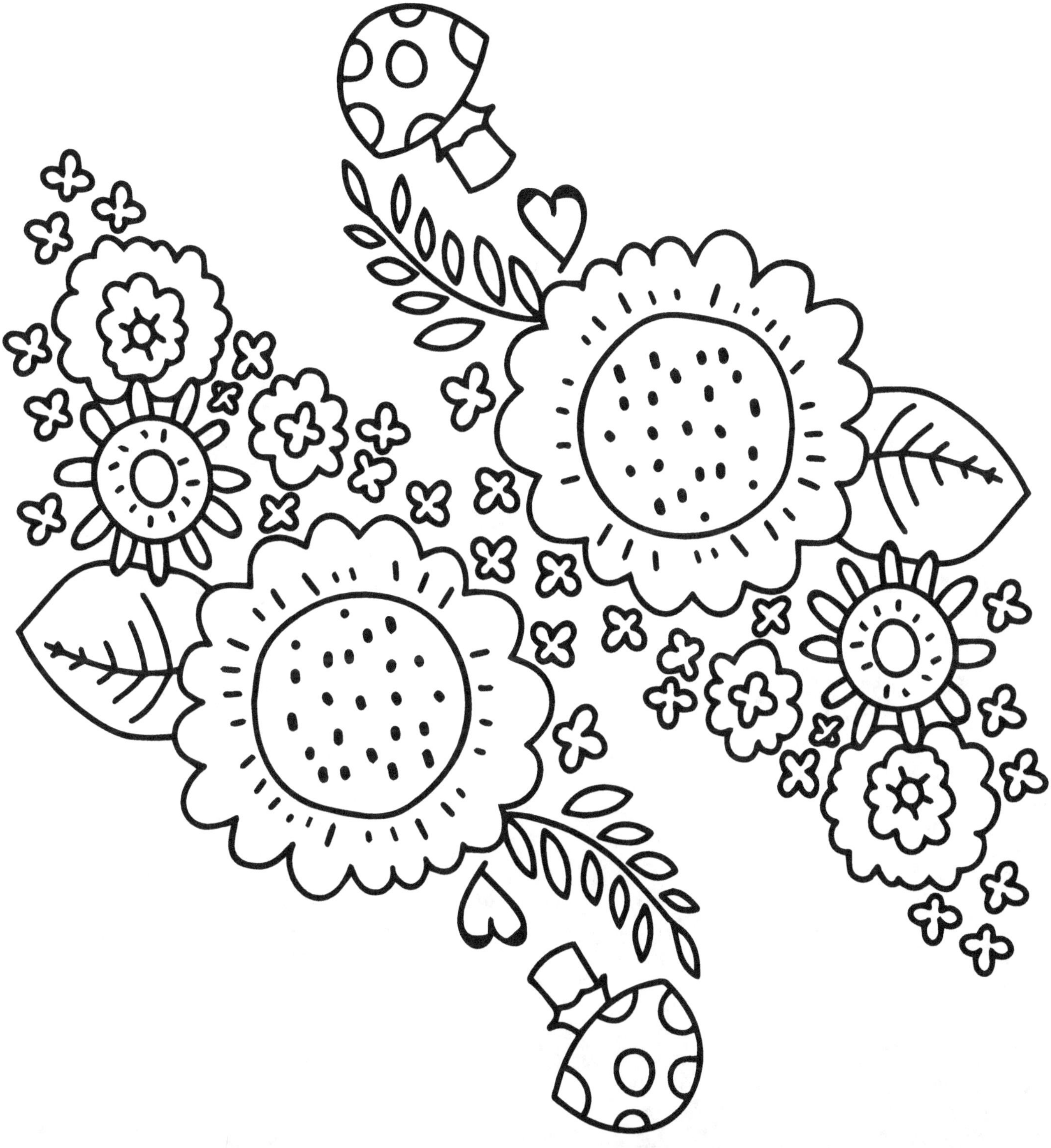

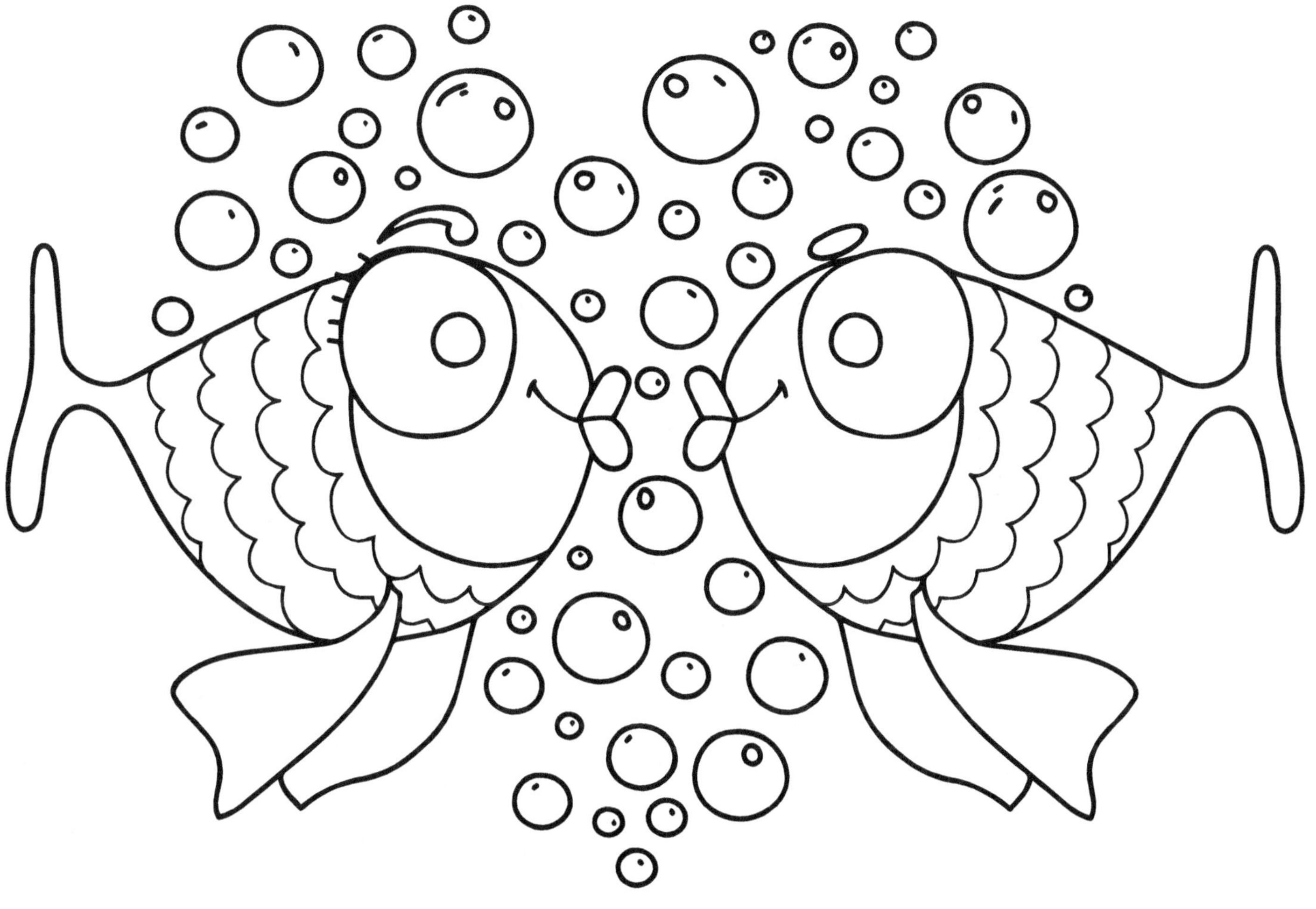

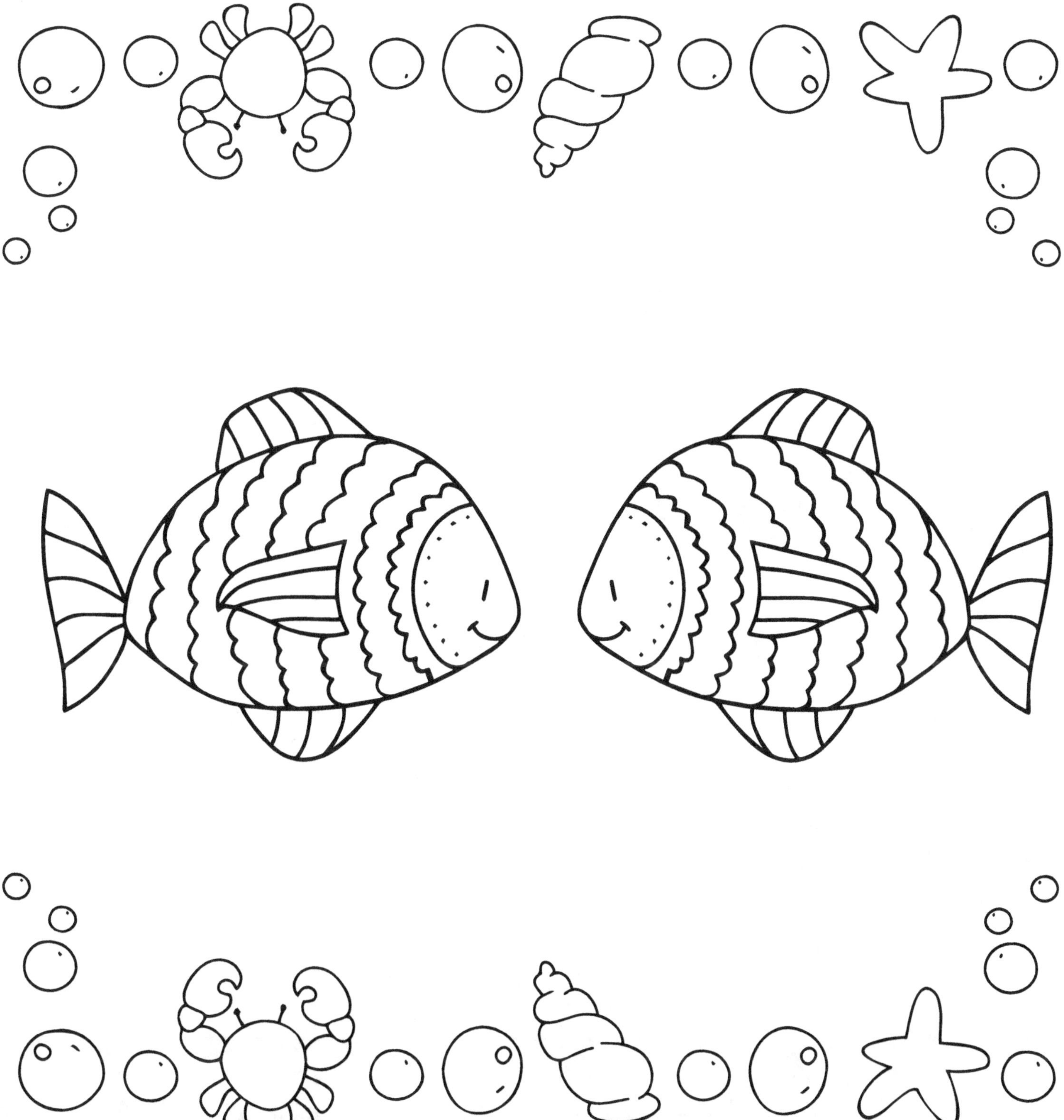

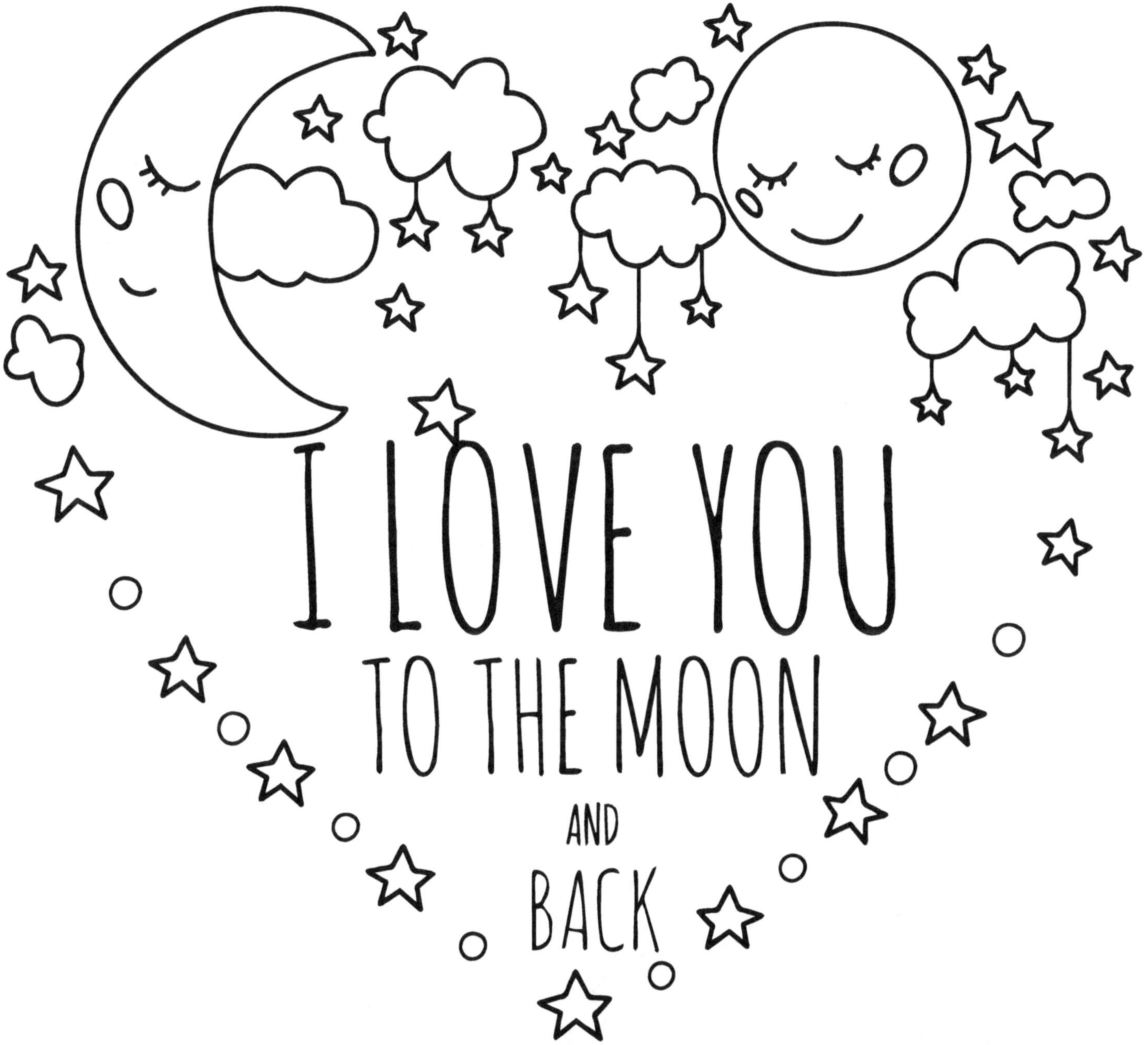
I LOVE YOU
TO THE MOON
AND
BACK

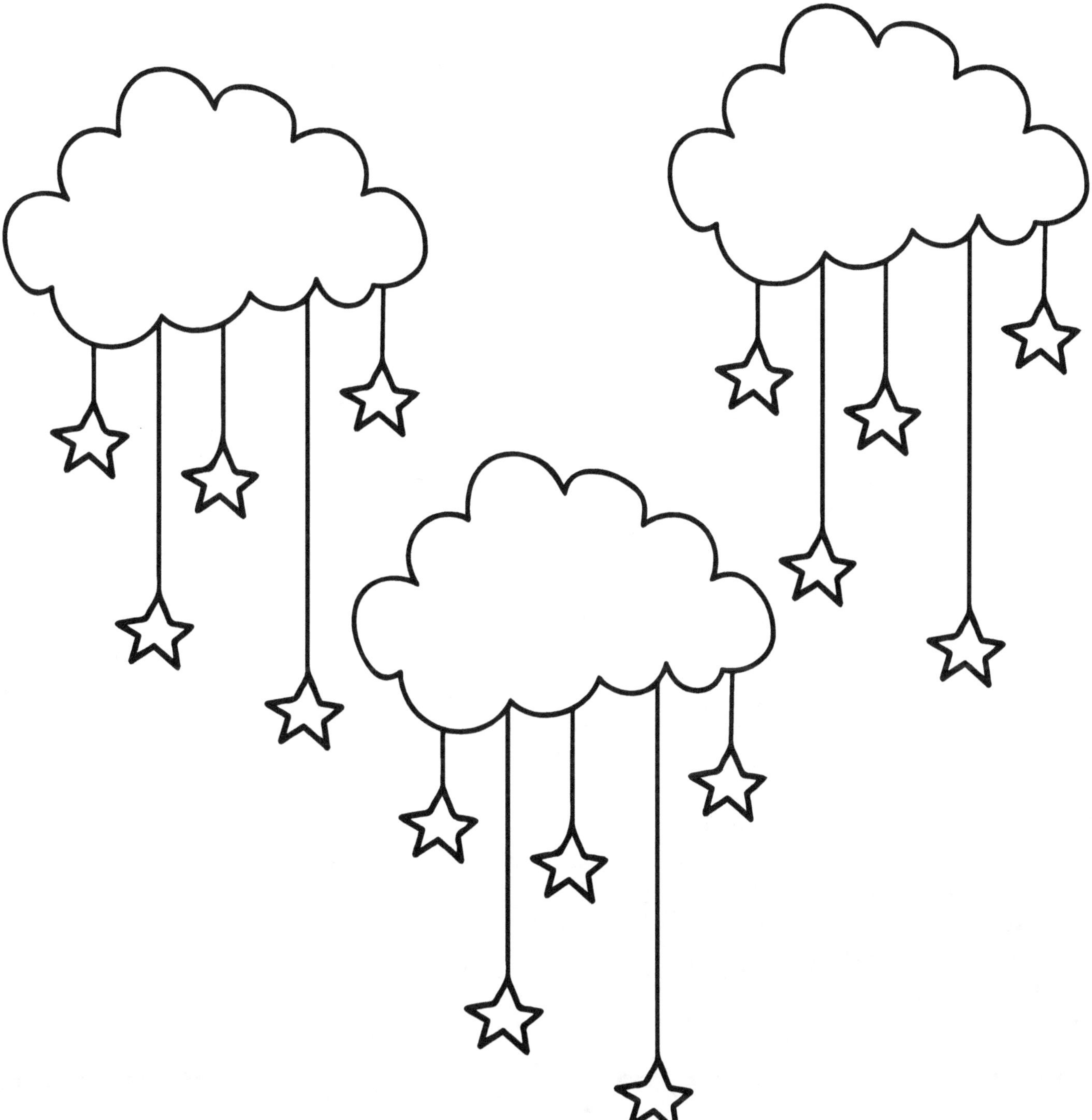

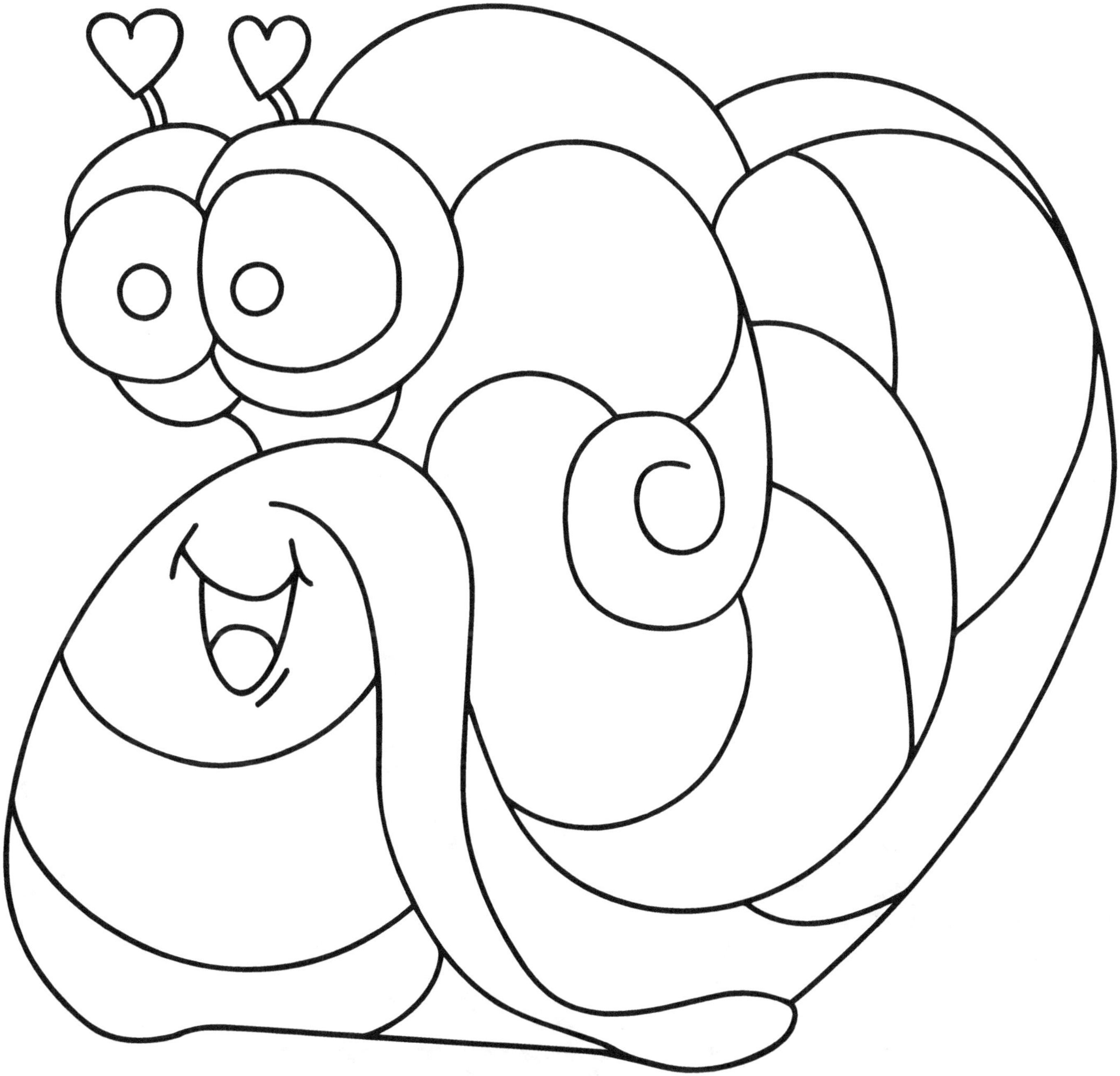

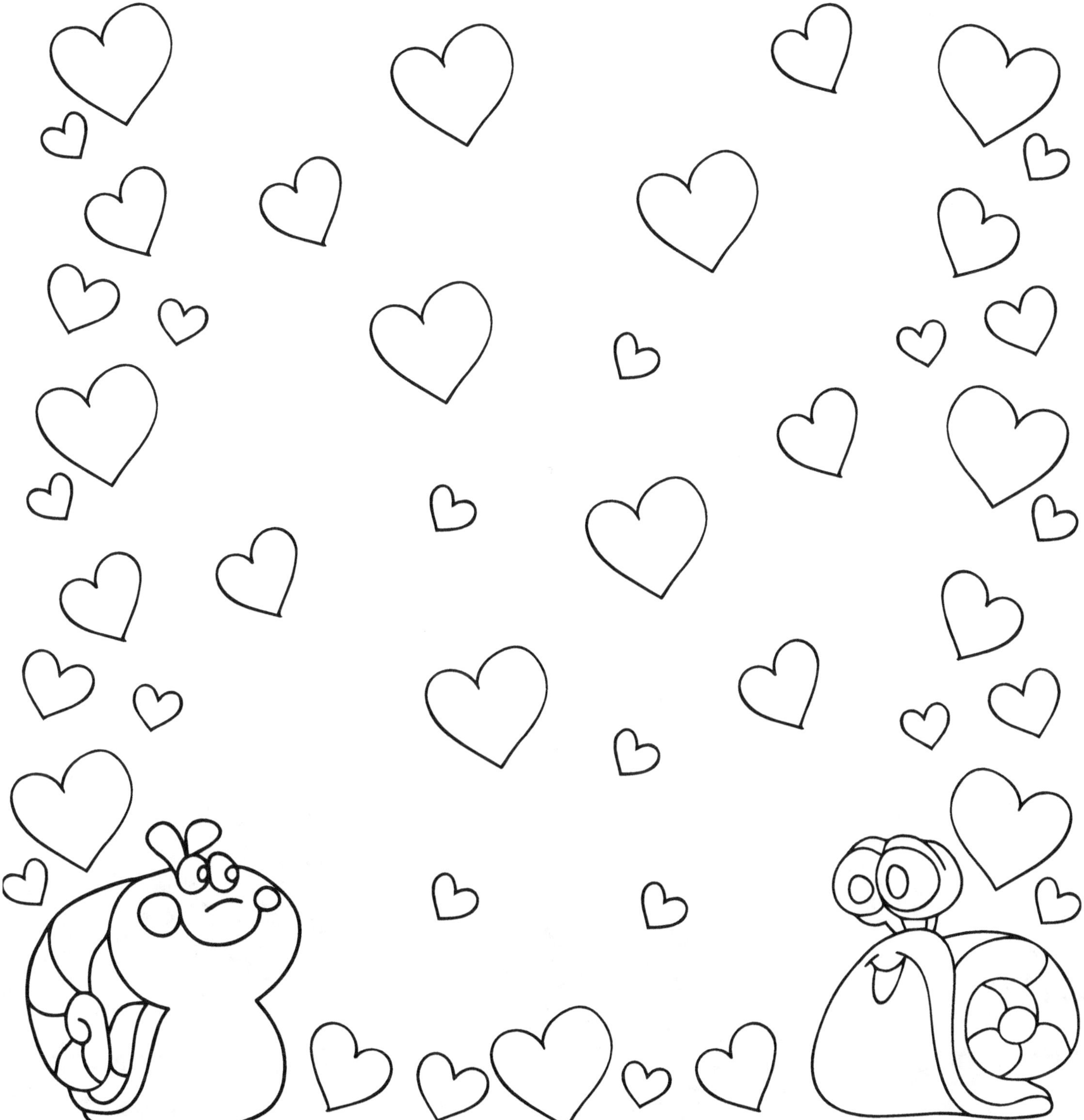

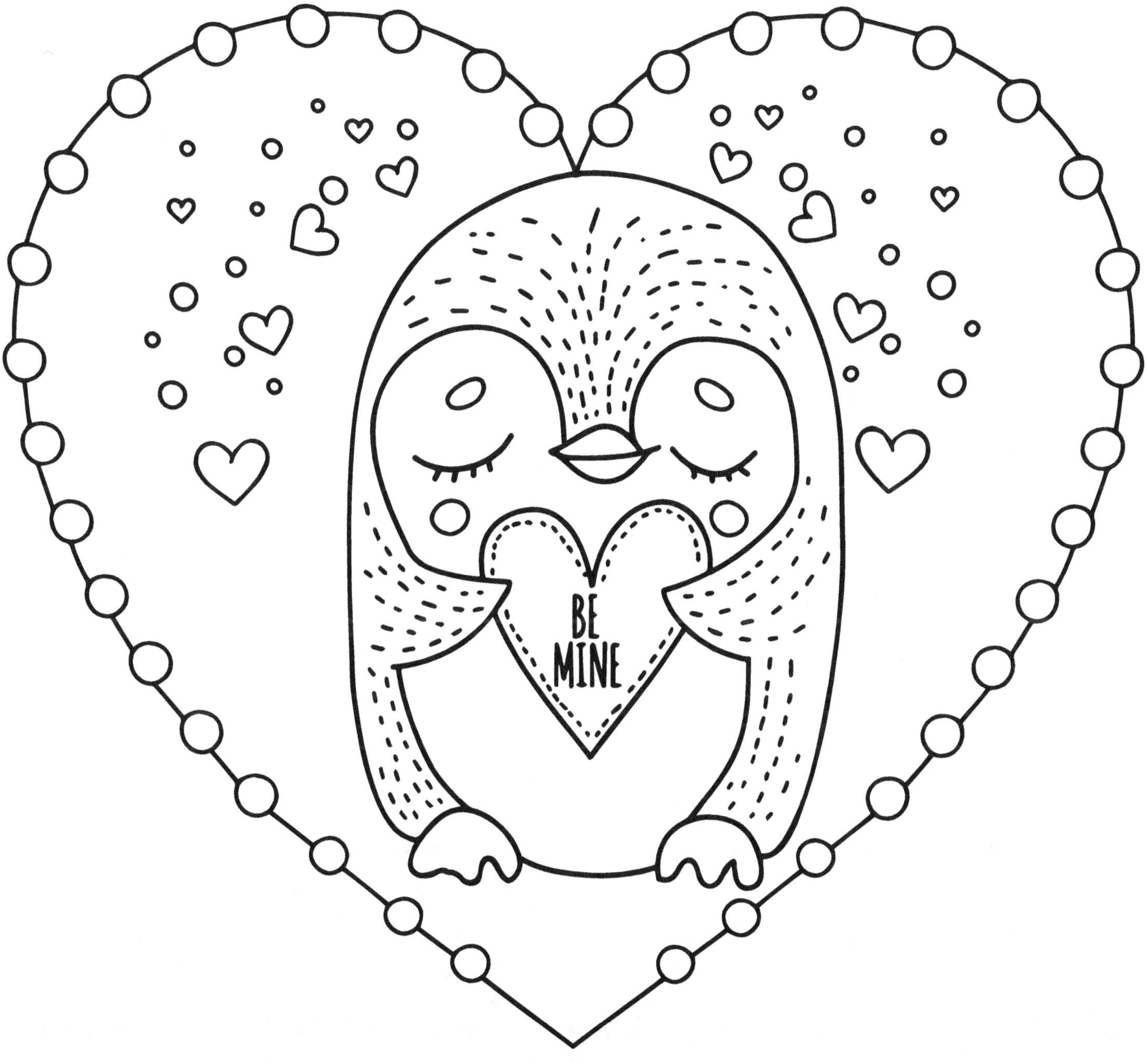
BE
MINE

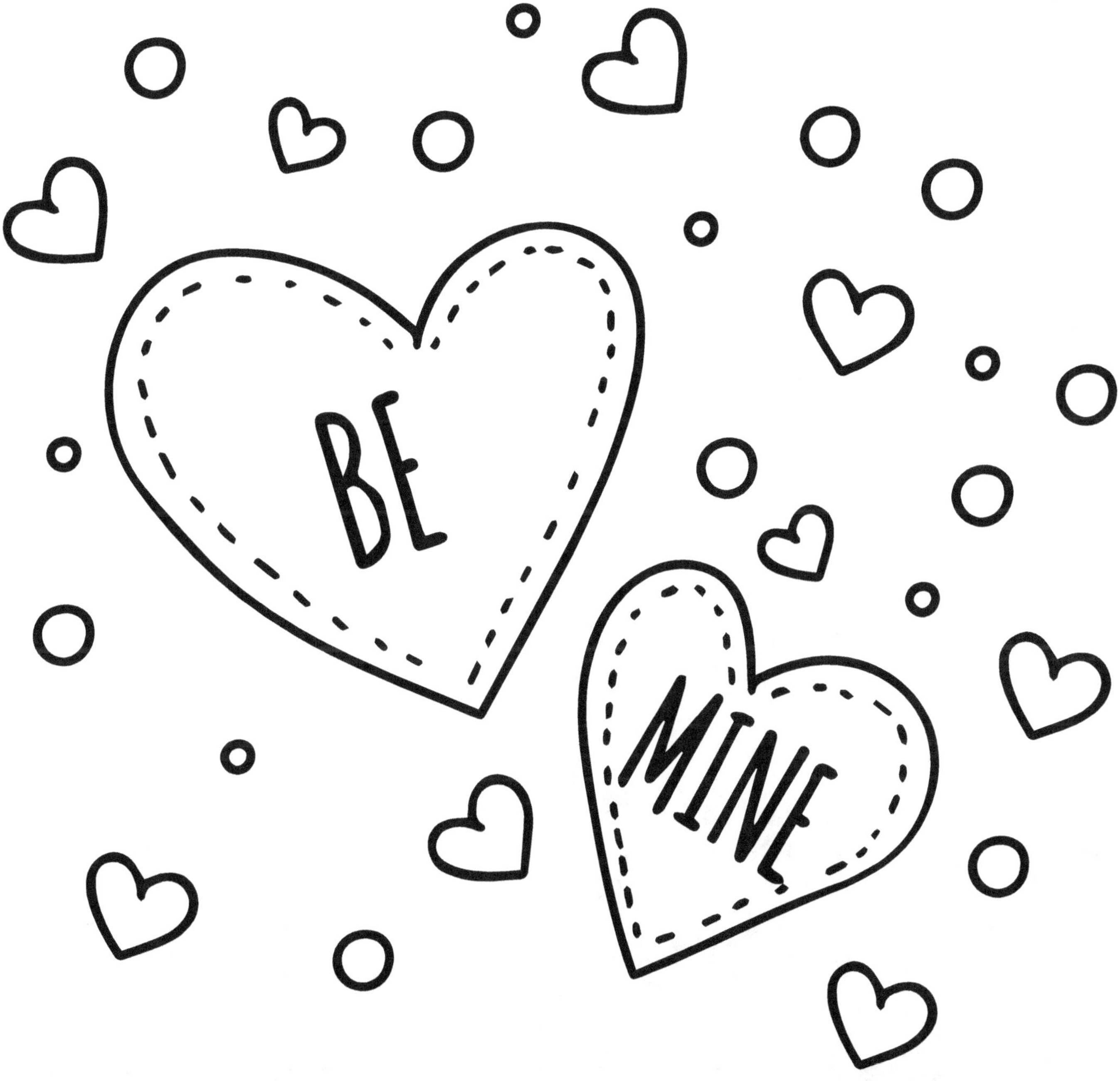
BE
MINE

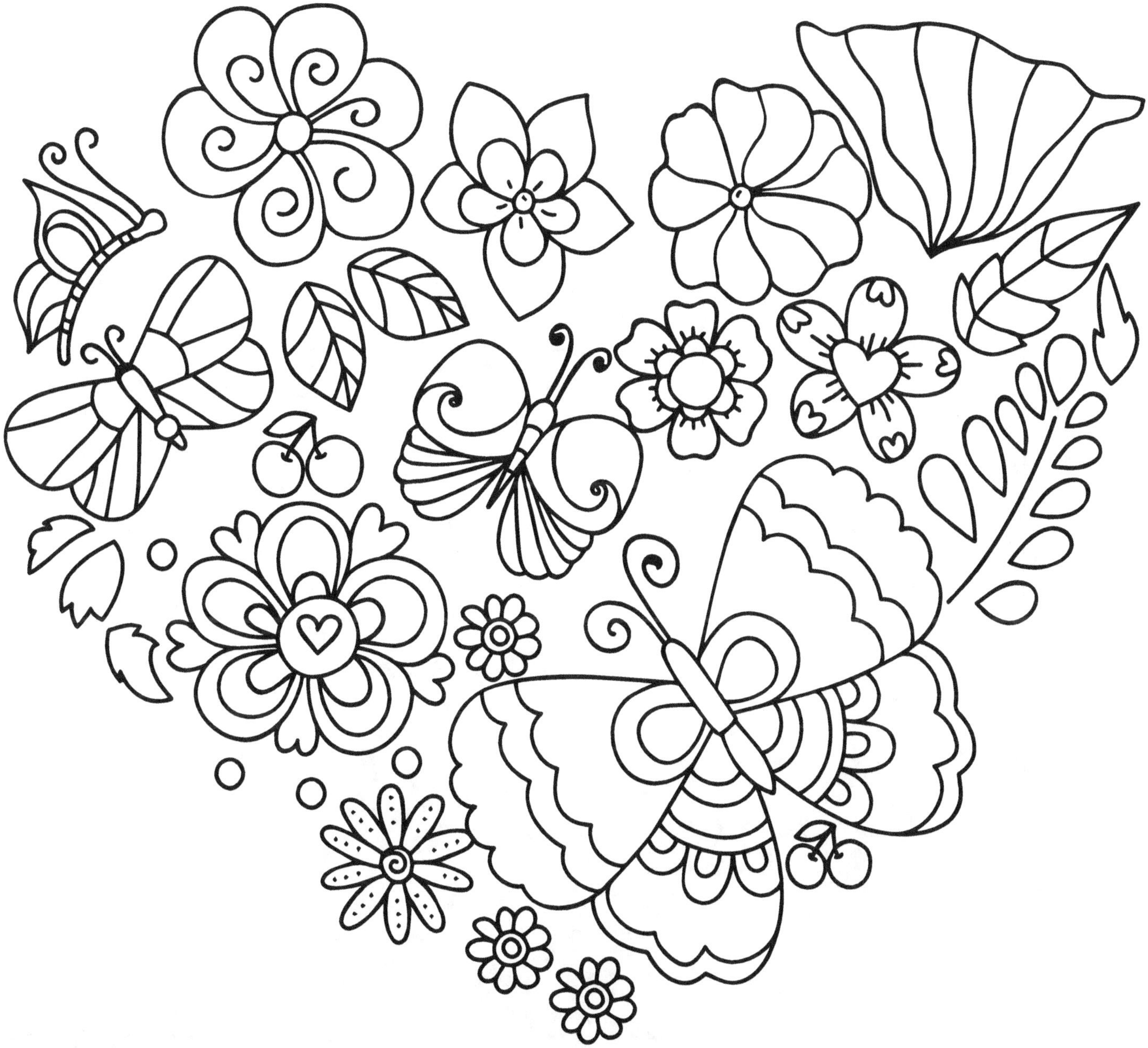

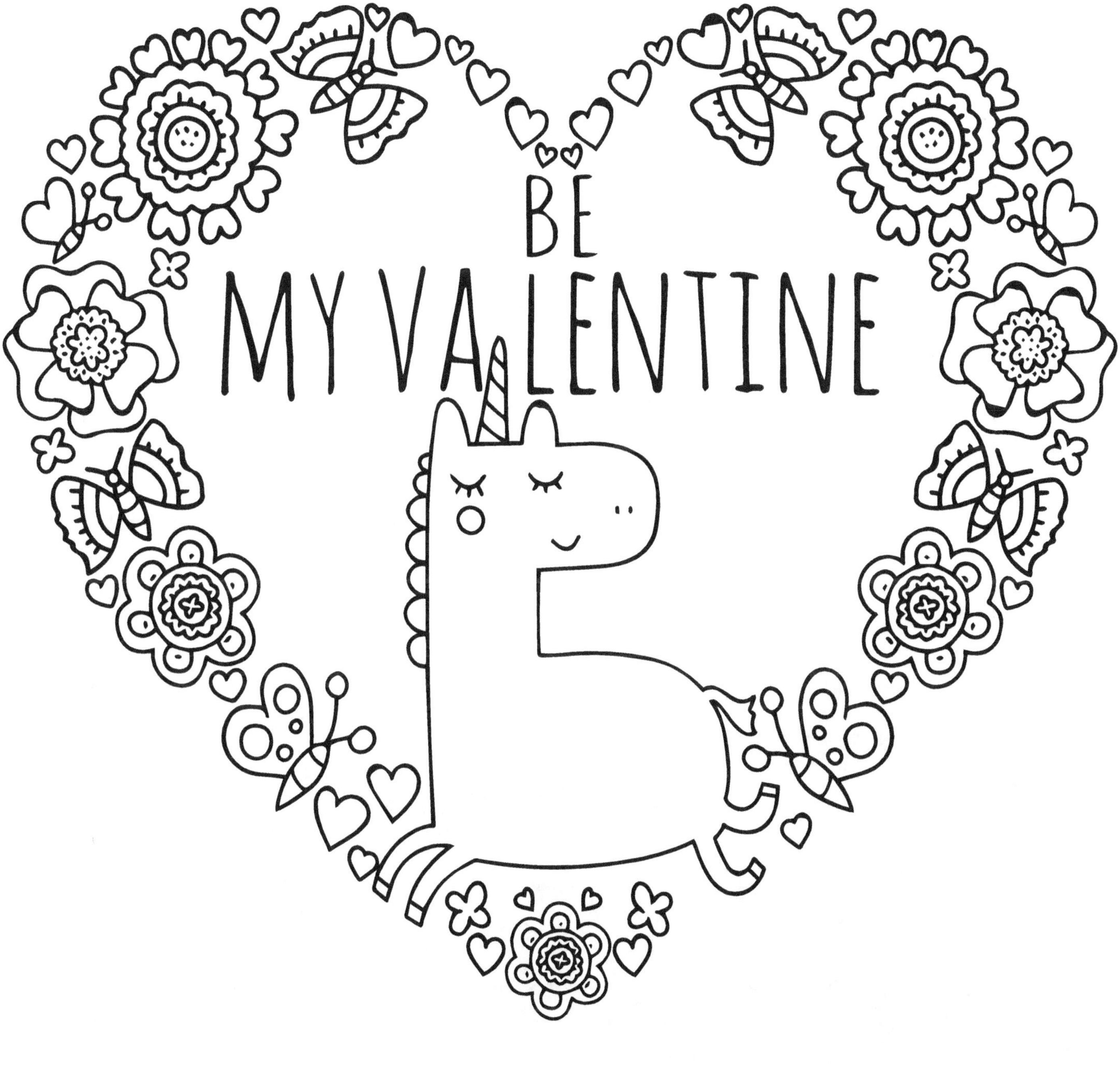
BE
MY VALENTINE

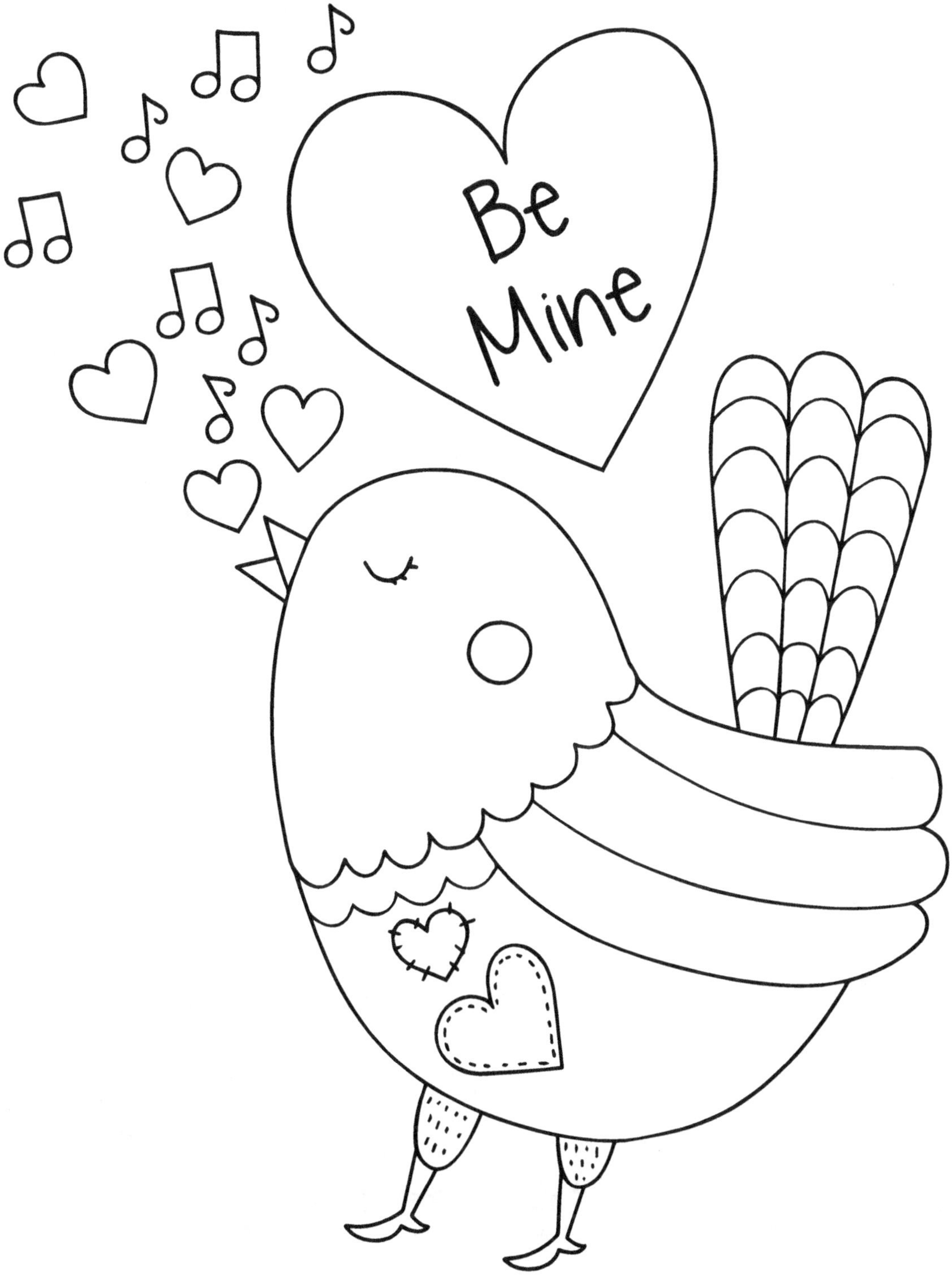
Be Mine

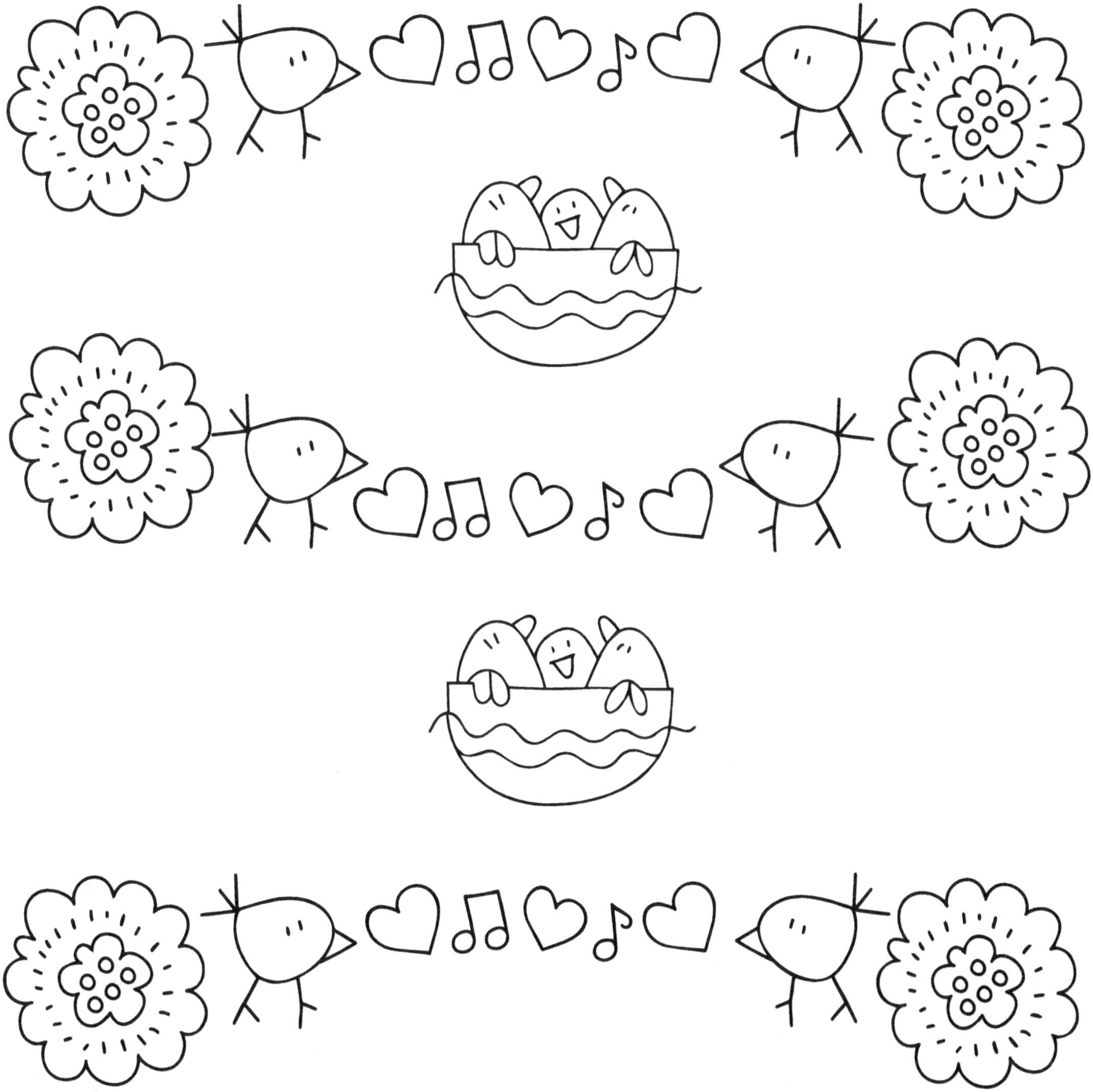

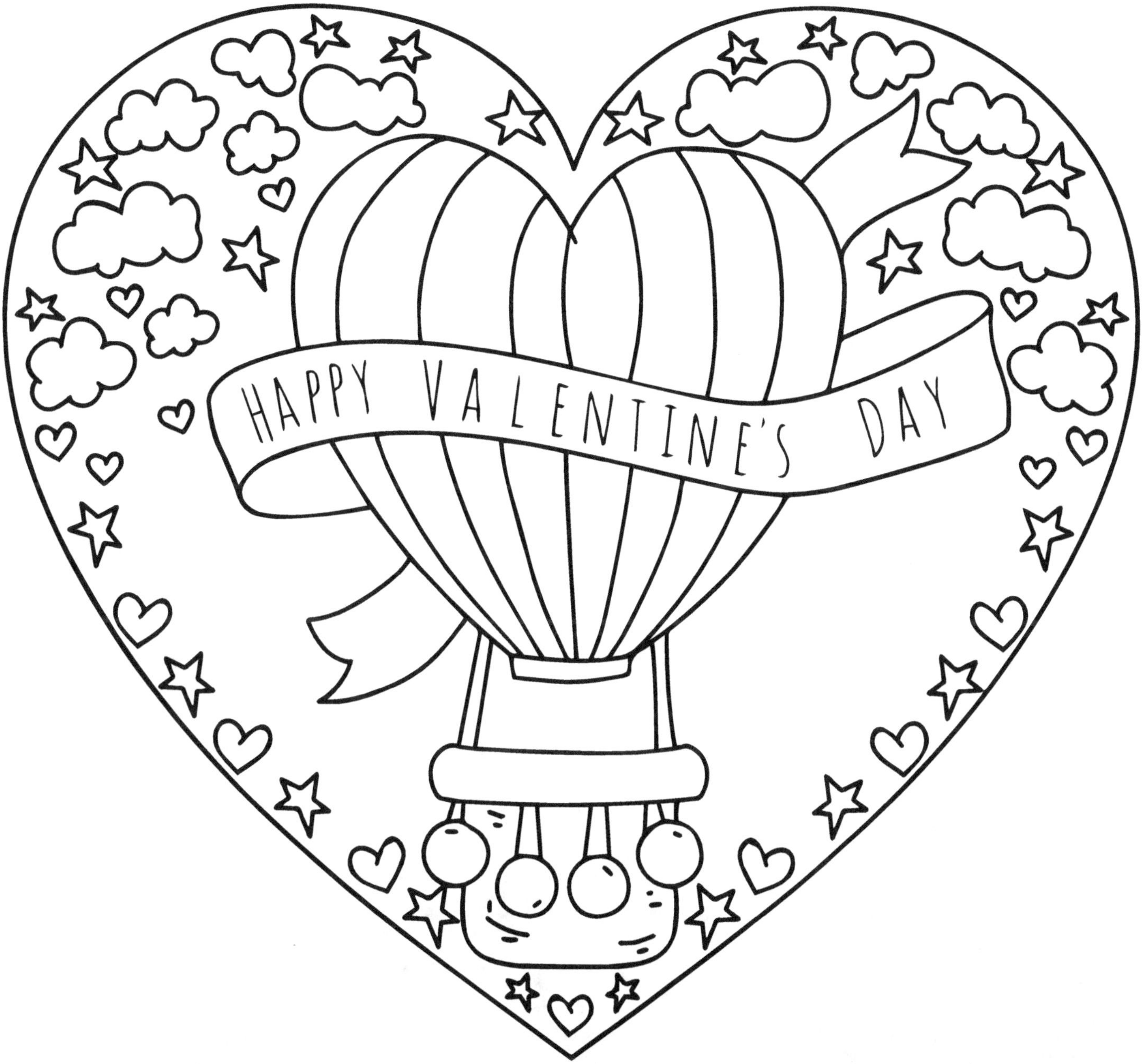
HAPPY VALENTINE'S DAY

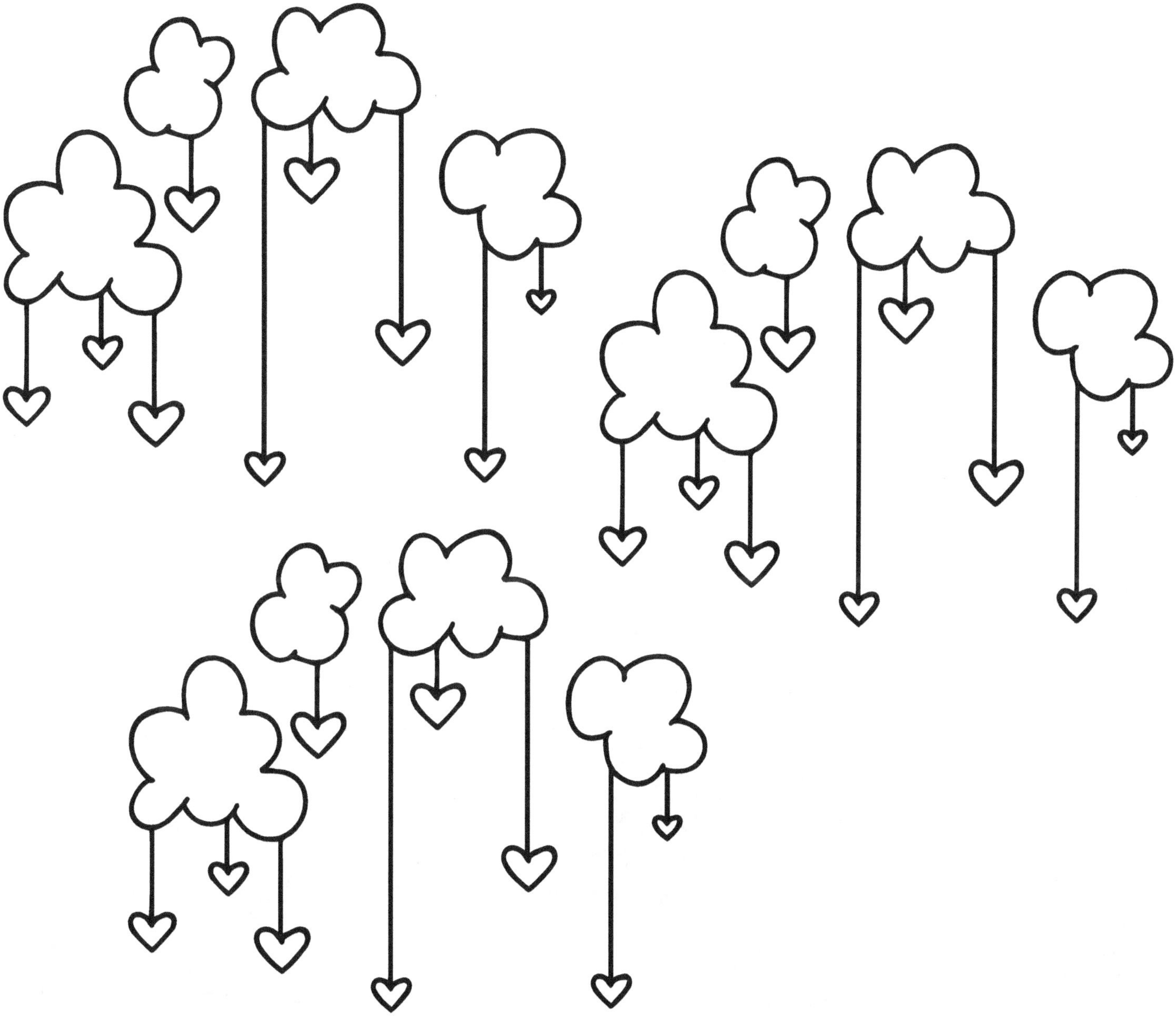

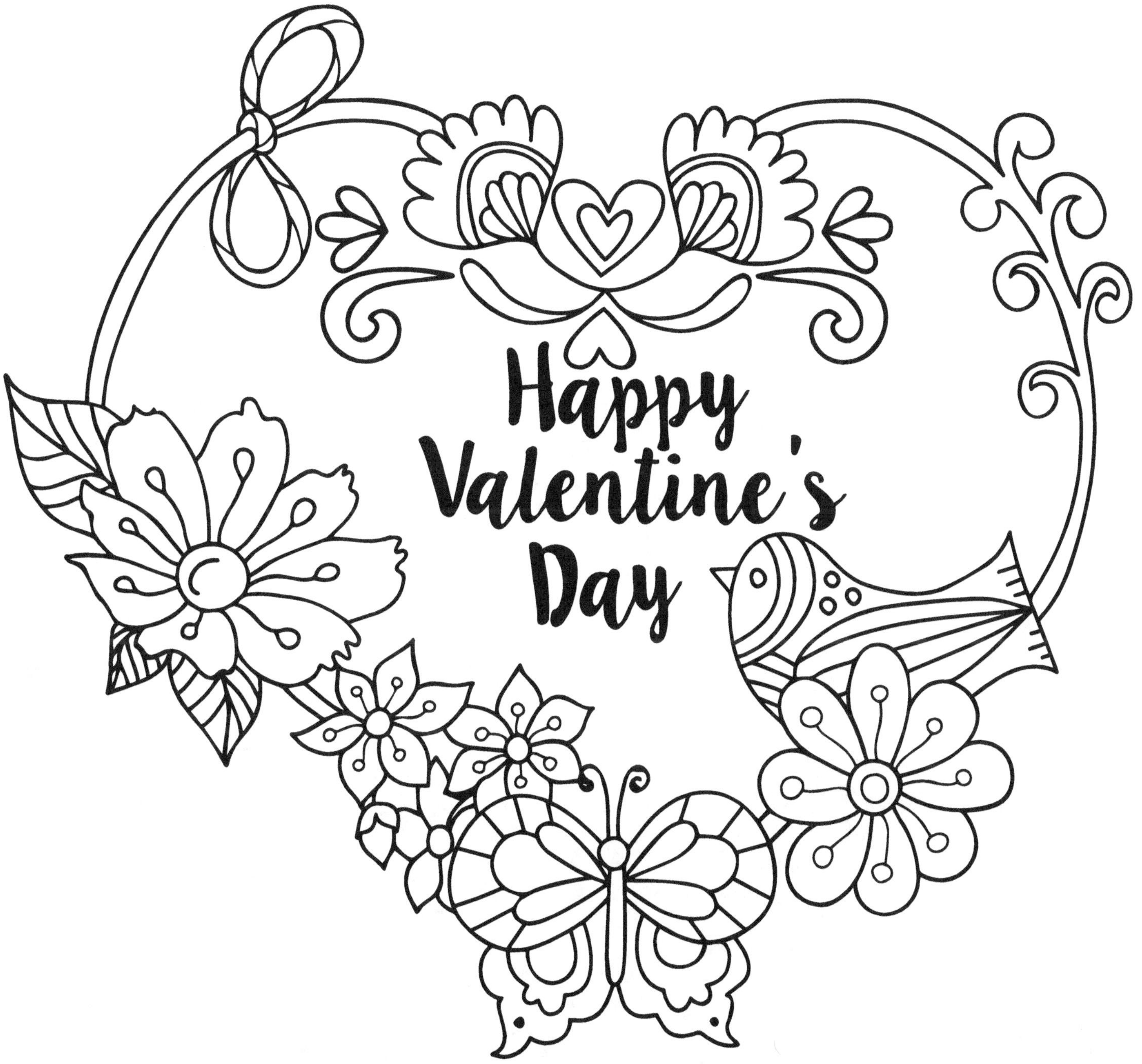
Happy
Valentine's
Day

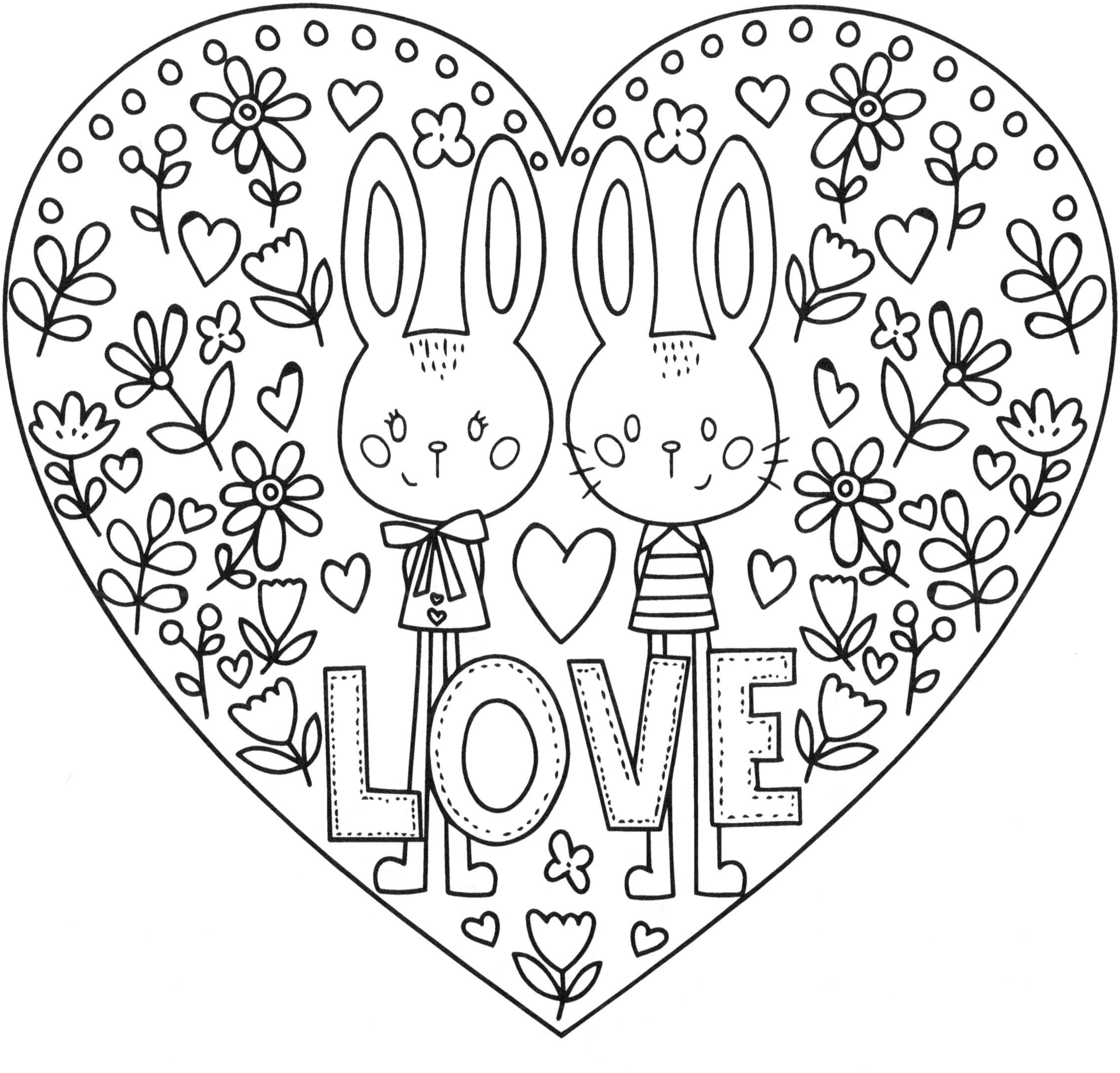
LOVE

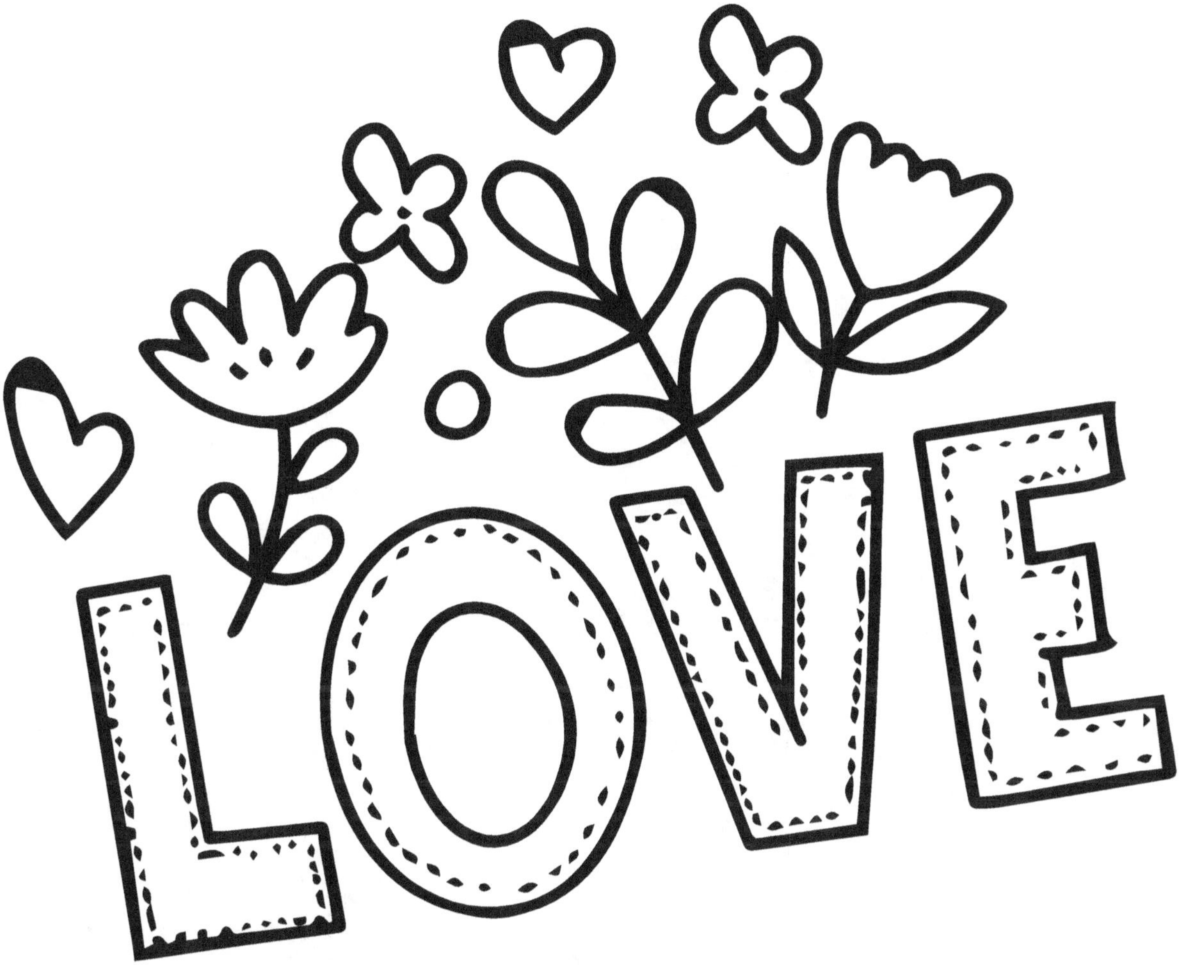
LOVE

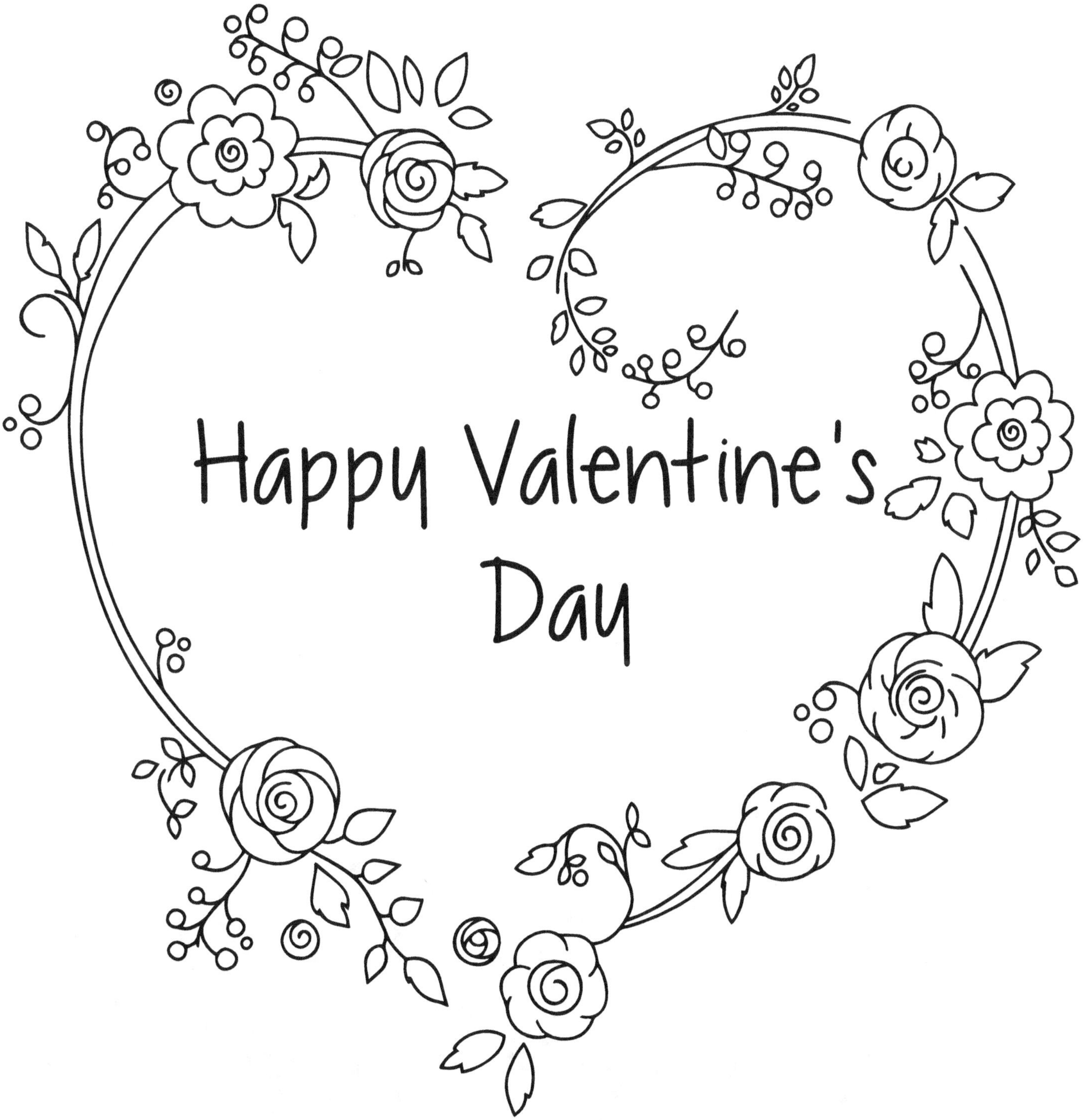
Happy Valentine's
Day

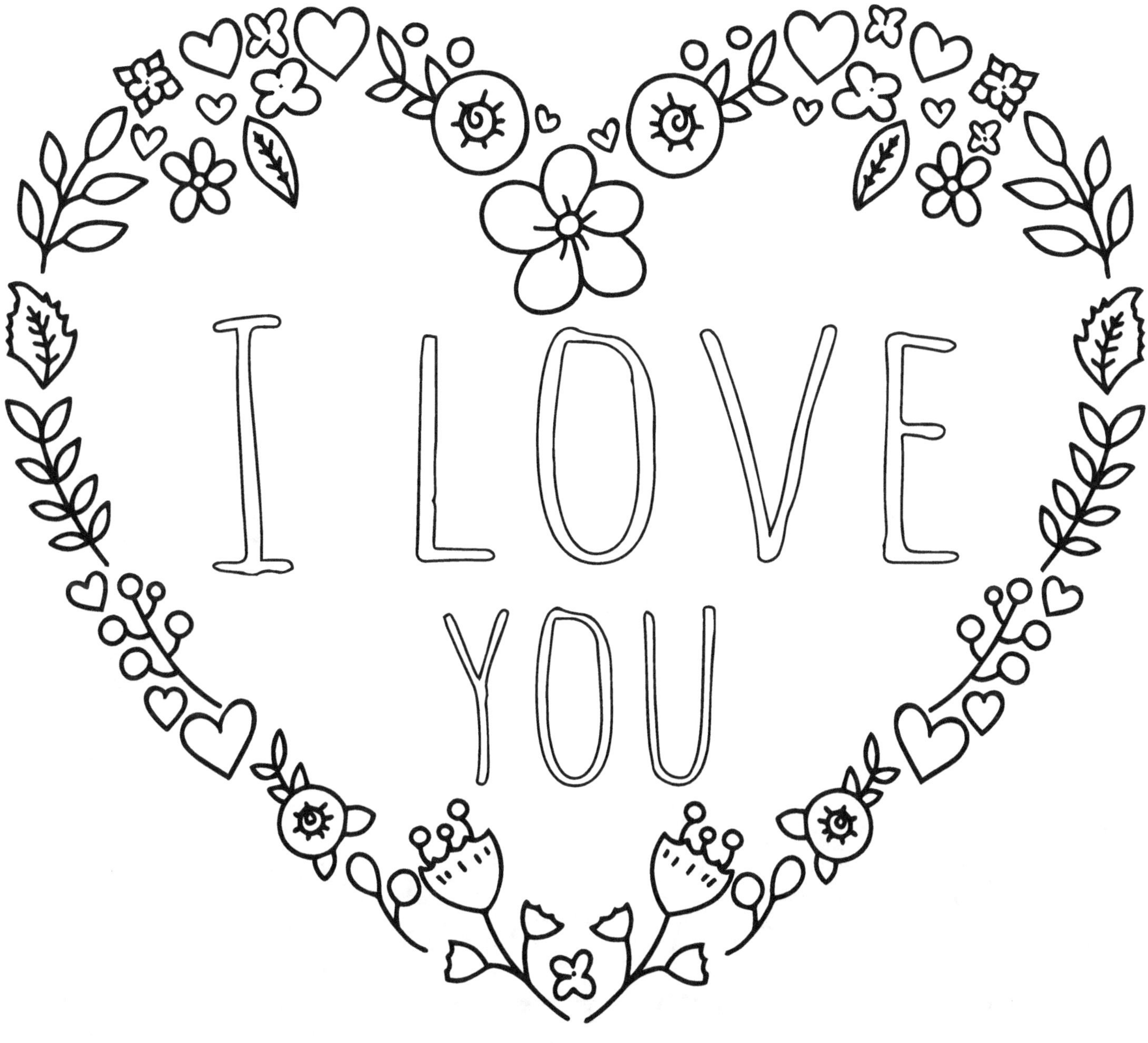
I LOVE
YOU

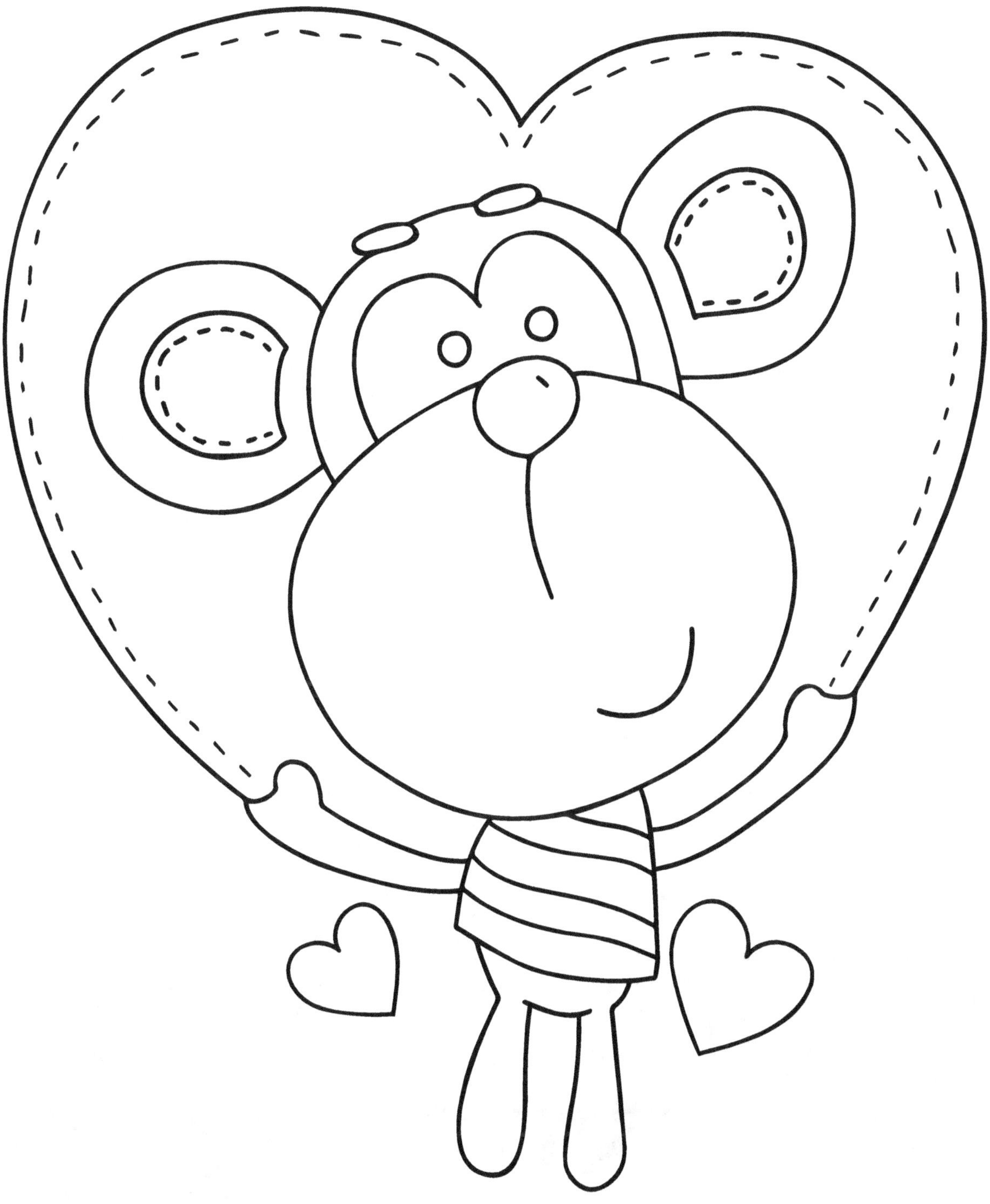

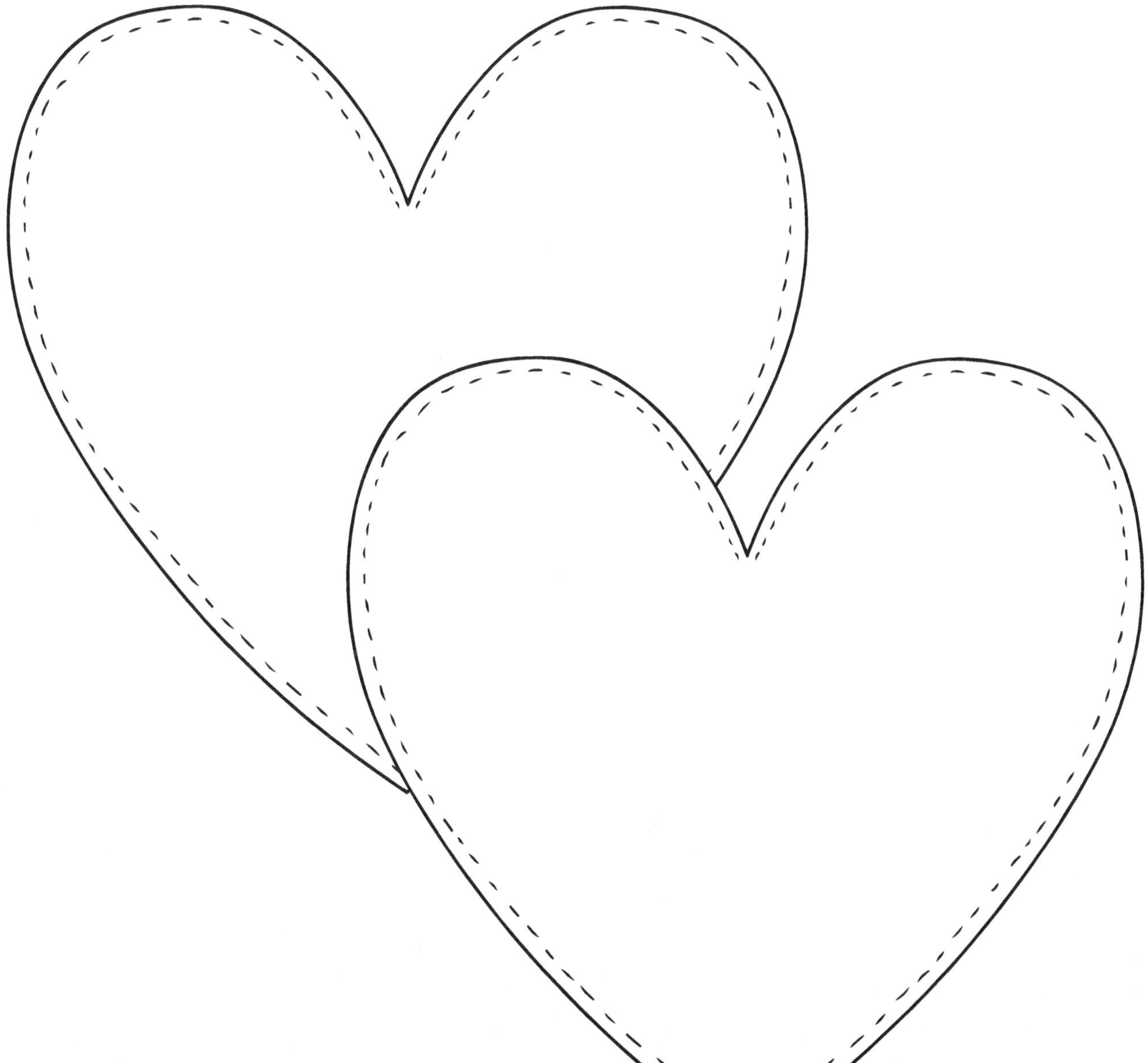

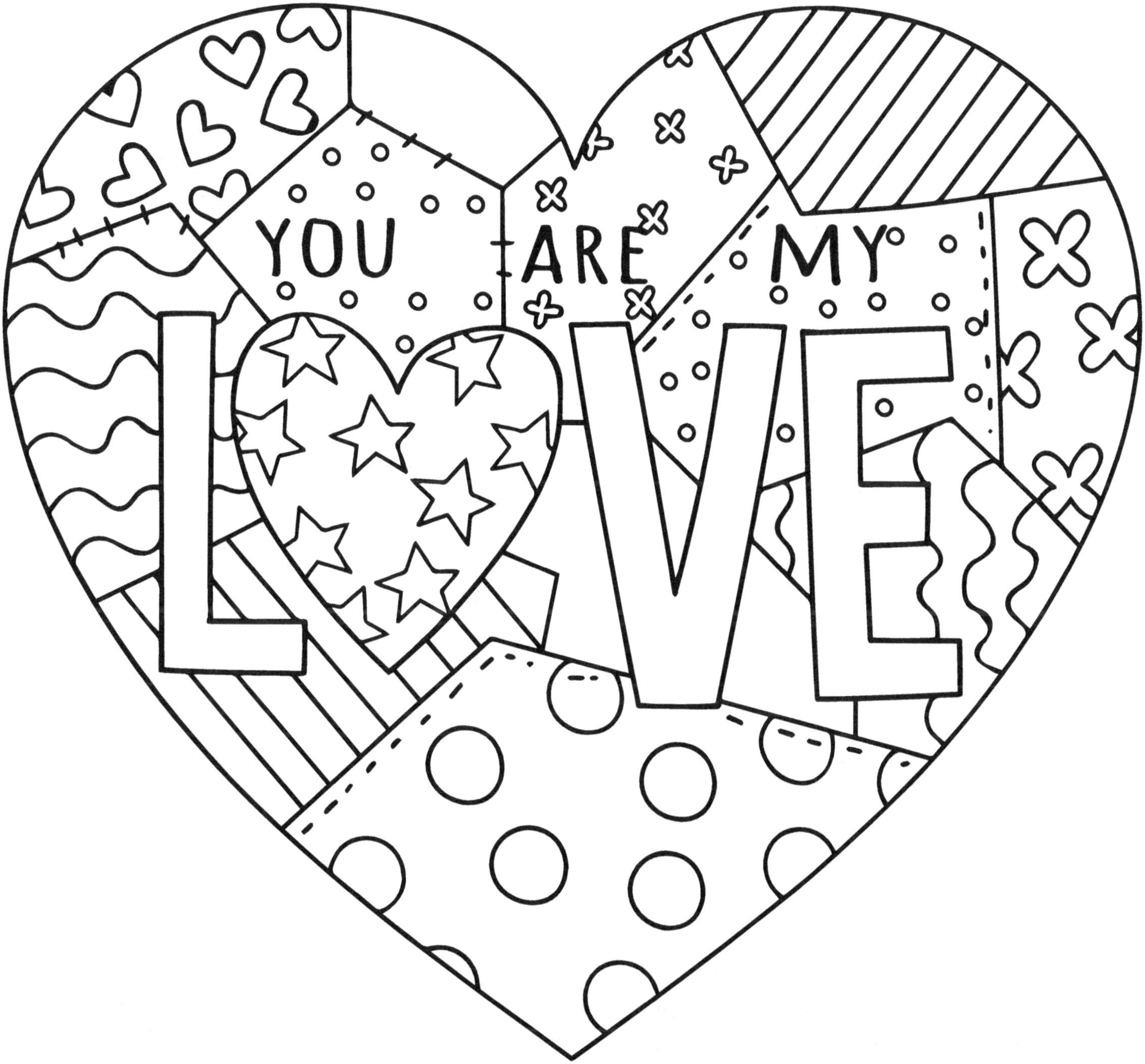
YOU ARE MY
LOVE

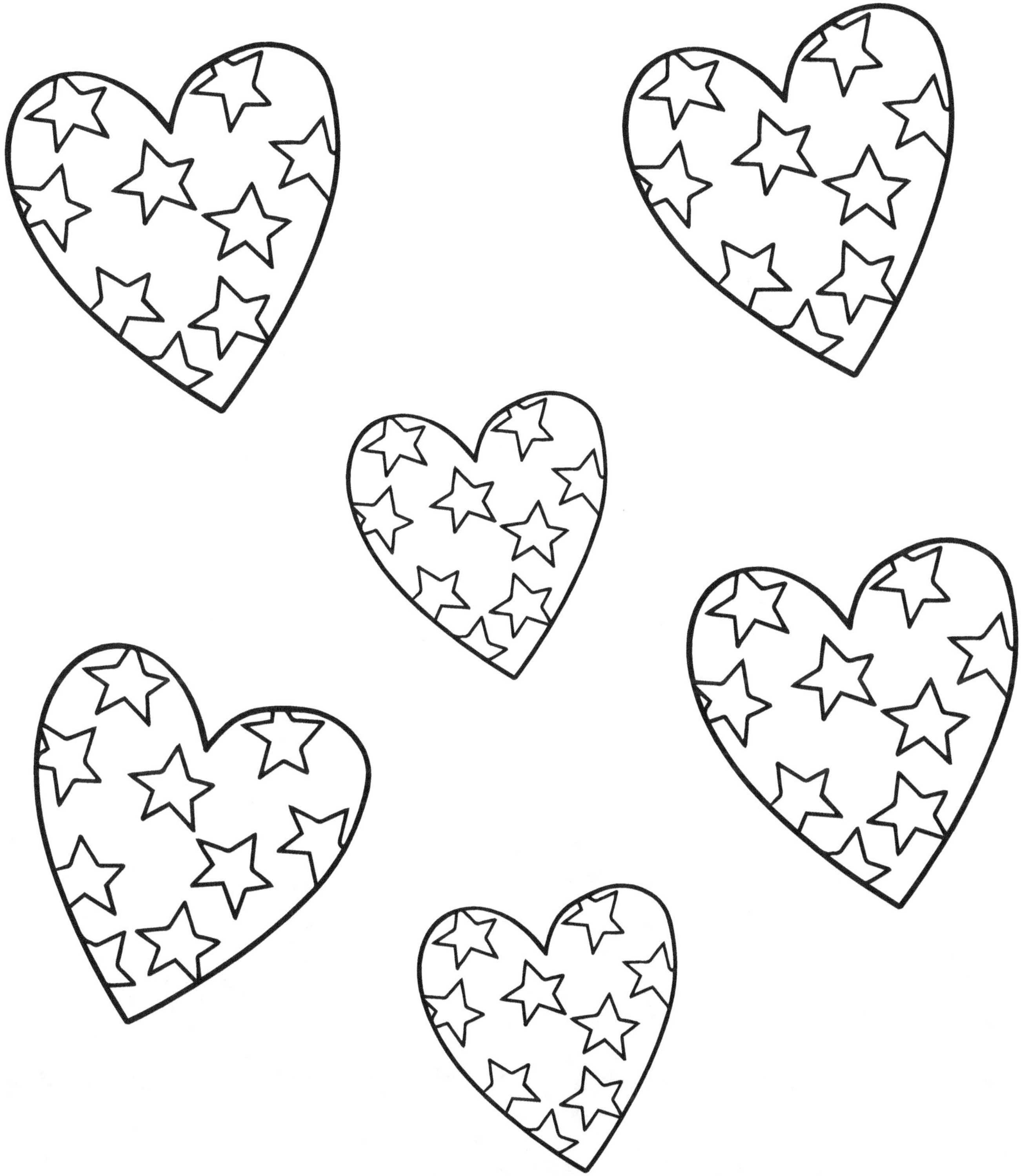

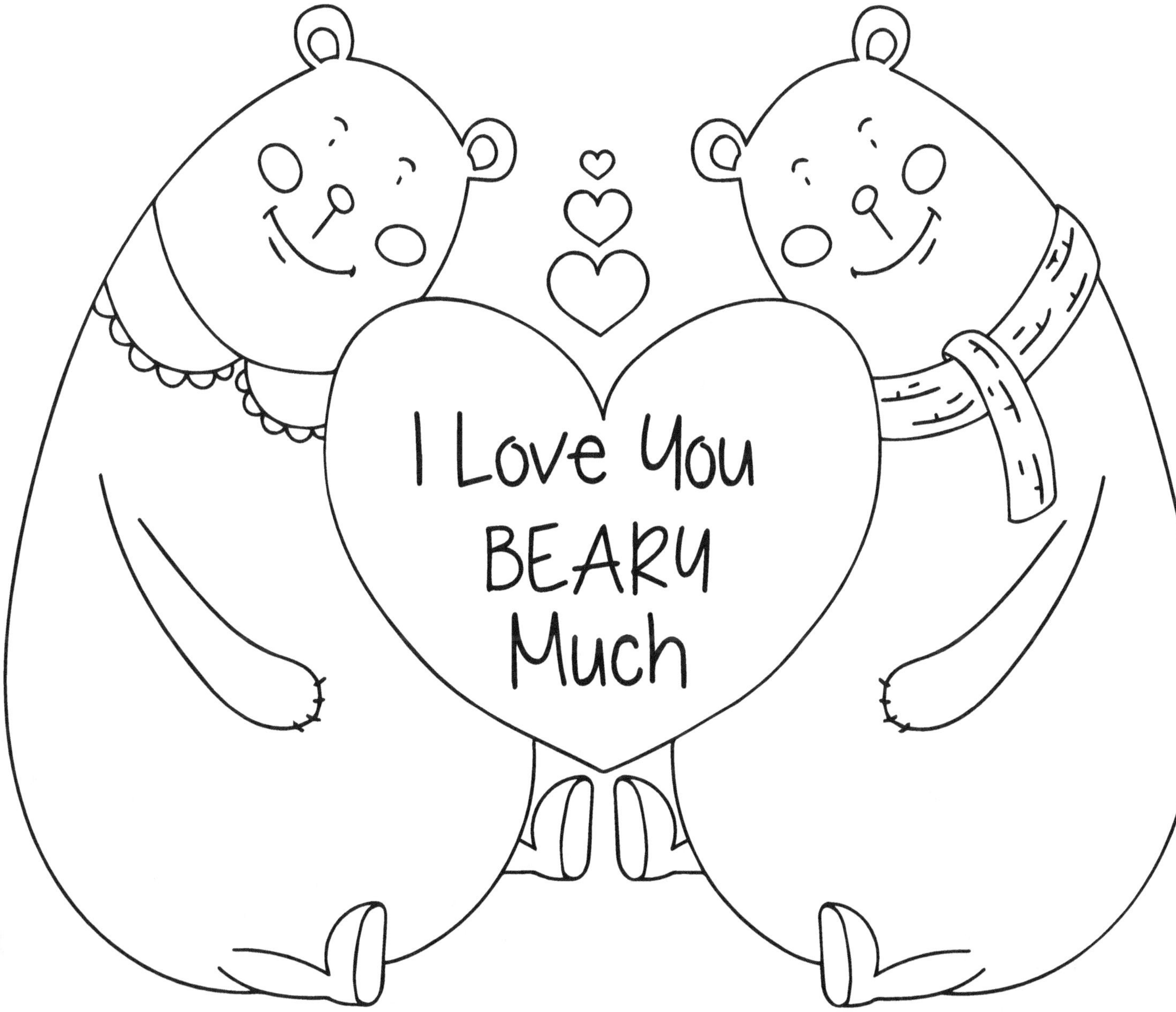
I Love You
BEARY
Much

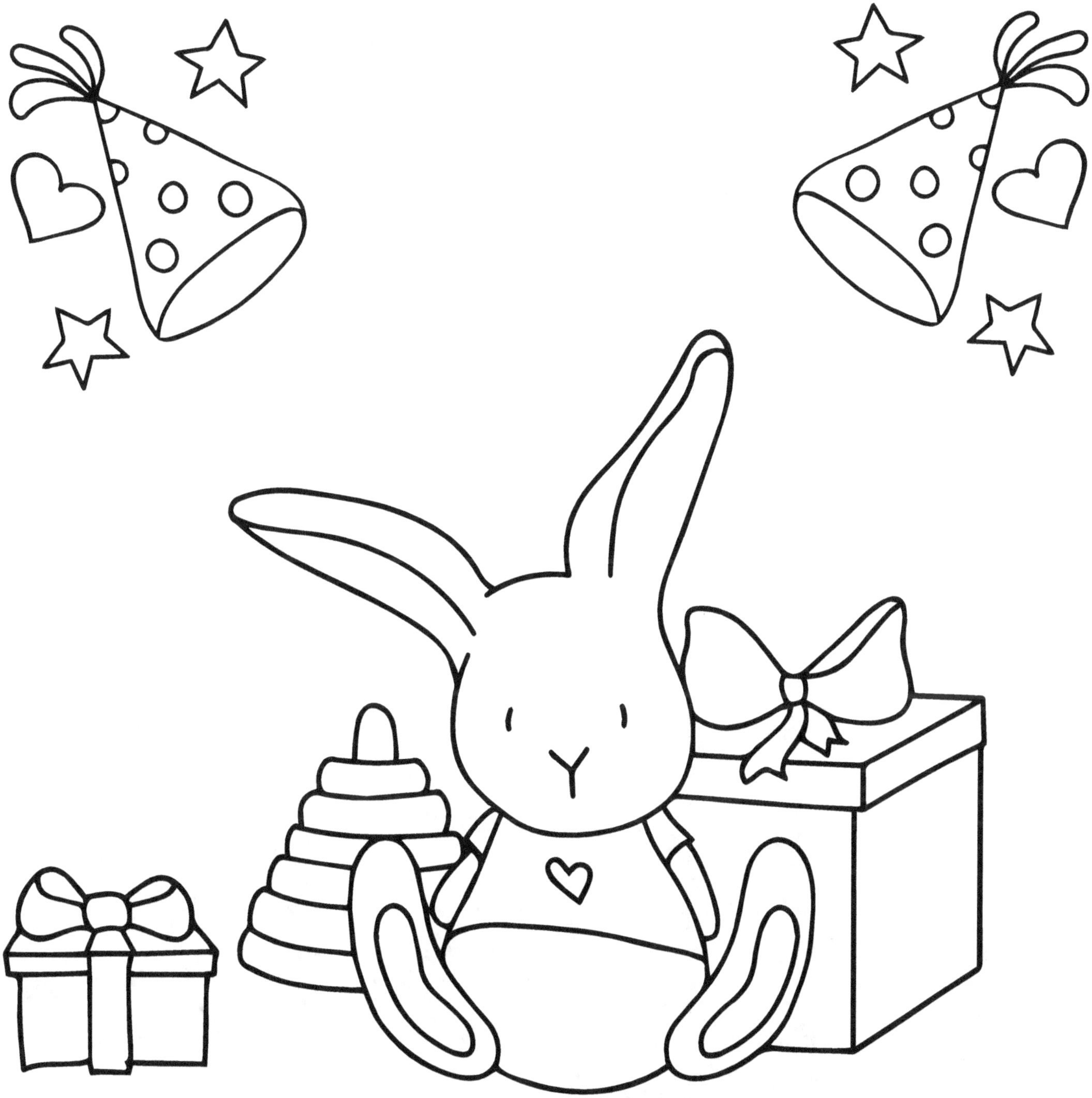

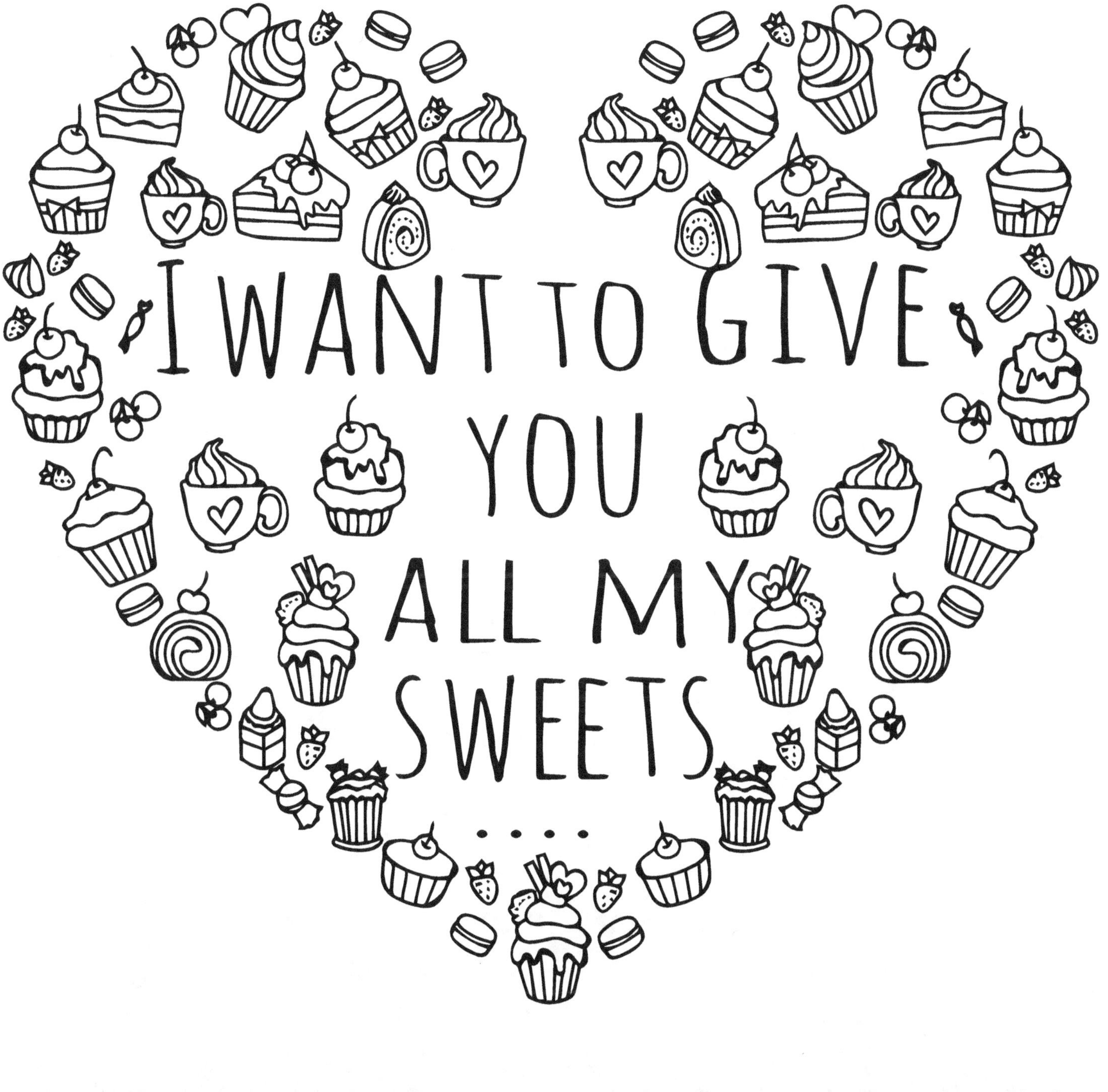
I WANT TO GIVE
YOU
ALL MY
SWEETS
....

www.ingramcontent.com/pod-product-compliance
Lightning Source LLC
Chambersburg PA
CBHW081600220526
45468CB00010B/2720
* 9 7 8 1 9 4 2 9 1 5 5 9 1 *

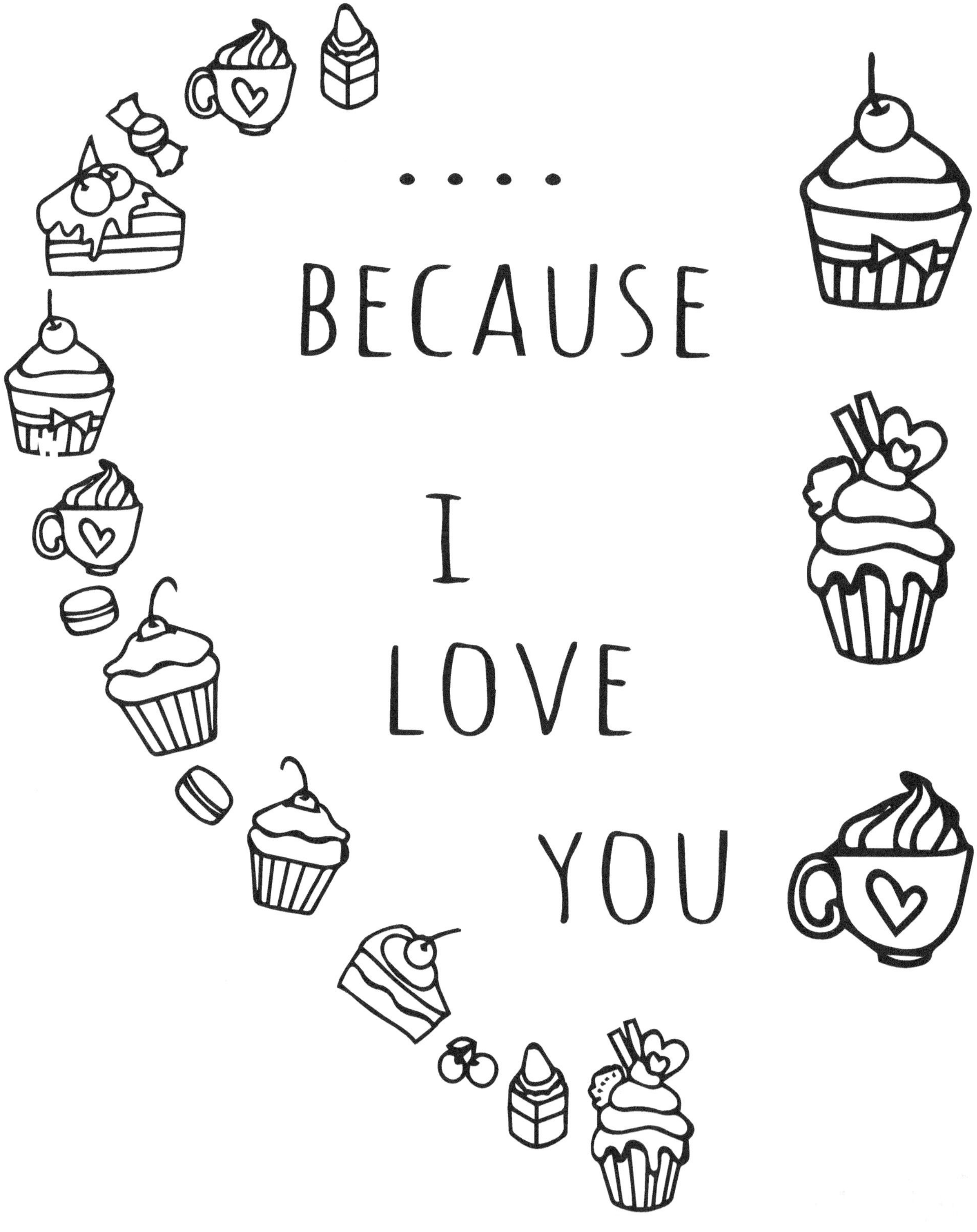
....
BECAUSE
I
LOVE
YOU